国家地理系列

图说天下®

畅销经典 王者再现

走遍世界

《图说天下·国家地理系列》编委会 编著

北京联合出版公司

National Geography Collections

图书在版编目（CIP）数据

走遍世界 /《图说天下. 国家地理系列》编委会编著. —北京：北京联合出版公司，2012.5（2021.5 重印）

（图说天下. 国家地理系列）

ISBN 978-7-5502-0750-9

Ⅰ. ①走… Ⅱ. ①图… Ⅲ. ①旅游指南－世界－通俗读物 Ⅳ. ① K919-49

中国版本图书馆 CIP 数据核字（2012）第 116527 号

走遍世界

NATIONAL GEOGRAPHY COLLECTIONS

北京联合出版公司出版

（北京市西城区德外大街 83 号楼 9 层　100088）

北京天宇万达印刷有限公司印刷　新华书店经销

字数120千字　787×1092毫米　1/16　14印张

2012年6月第1版　2021年5月第12次印刷

ISBN 978-7-5502-0750-9

定价：19.90元

FOREWORD

前言

◎法国巴黎卢浮宫

旅行，就像是与自己的灵魂对话。不管是惬意的、浪漫的，还是惆怅的、烦忧的，旅行总能带给人一种明亮的心境。当春的脚步淡淡地漫步于这个世界，心便开始跟着春的韵律跳动，渴望能有一种途径，到达精神和灵魂的圣地。

阳春三月的清风，吹拂最温柔的片段，记忆中的樱花翩然飘落，撒下一片迷人的风情，心灵却已飞去奥登林山的边缘，在海德堡神秘而圣洁的湖畔徜徉。或许前一秒你还在马尔代夫灿烂的阳光中自由畅游，后一秒却又在金光、绿水、墨树、炊烟勾勒出优美的巴拉顿湖边。

有人说“灵魂来自于哪里，亦将回归于哪里”，它随时都有可能远离一段乏味的生活，飘逸到世界的其他角落。其实，世界的每个角落里，都藏着一个动人的故事，一幅如画的美景，只是匆忙的我们，早已丢失了寻找故事的心。只有午夜梦回，忘却了白日繁忙的工作时，身体里偶尔才会冒出一个低低的声音：漫步吧，就像从来没有累过，而是身和心一直徜徉于一片绚丽的梦幻世界。

旅行的生活能使你更加远离世俗，更加接近自然和生命原初的状态。纵使你没有时间，没有金钱，只要有一个旅行的心，就已足够。世俗的生活中，灵魂是散落的，只有在旅途中，想念一个人，回忆一处风景，才能感觉到它与你如此贴近。

《走遍世界》是一本能够带领灵魂旅行的书。无论是亚洲的神秘优雅、欧洲的柔美浪漫，还是大洋洲的美幻阳光、美洲的热情奇幻，抑或是非洲的狂野激情，都能找到灵魂飘逸的痕迹，或感伤，或淡泊，或优雅……

有心飘过，旅行无处不在。

目录

走遍世界

Travel Around The World

w o r l d

大洋洲阳光之旅

美洲奇幻之旅

非洲激情之旅

乐园不曾失落 ... 192

Chapter-5

Chapter-1

亚洲优雅之旅

·向着太阳升起的方向

Asia

日本

Japan · 浪漫樱花

每年的三月，日本就是一片樱花的海洋，清风吹过，朵朵樱花都温柔地绽放。当然，日本的浪漫不只在樱花，繁华而不失曼妙的东京、神秘而圣洁的北海道、古典静雅的京都、美丽迷人的富士山，以及有着浓郁东方特色的冲绳，都能给你留下深刻的印象。

京都 *Kyoto*

古 典 静 雅

如果说东京是繁华的，那么京都就是古典的。京都悠悠的典雅韵味，以及浓郁的原汁原味的日本风情，是最让人着迷的地方。因此，人们亲切地把京都称做日本人“心灵的故乡”。

秋季是拜访京都最适宜的时间，此时的京都古意盎然，配上落叶秋凉的萧瑟，似乎特别有味道。京都的古意，源于市内多得数不清的寺院，金阁寺的庄严、宁静，银阁寺的素雅、古朴，清水寺的悠然、恬静……每一座都有自己不同的个性和造景，让人沉浸其中，不觉就忘记了世间的沧桑荣辱。

金阁寺立于群松之中，临一泓清澈的镜湖，一楼沉稳的古意木色，与二、三楼耀眼的金箔，周围翠绿的青松，还有寺侧那一树有意无意的枫红，倒映在如镜般的湖面上，构成了京都典型的美景，让人看过就再也无法忘记。

银阁寺建于1492年，是室町幕府第8代将军足利义政仿效金阁寺而建的。虽然两寺相承，但银阁寺却并不像金阁寺那样铺满银箔，而是用黑木制成的。银阁寺呈现的是素雅、古朴的建筑风格。禅意盎然的枯山静水，池泉回游式的庭园设计，还有古色古香的茶室“同仁斋”，走在其中，不知不觉感到一丝深远淡泊、宁静祥和的气息。

清水寺古朴的建筑坐落在东山的深谷之中，是古都的最好写照，正殿前方的广亭依山而建，站在其中就可以眺望整个京都。寺后有三股清泉，自山中一块石板上

平安神宫静静地立于松林之中，像智慧的老者一样淡定，又像处子一样勃发生命之光。

流下，注入石潭之中。传说，这三股泉水分别代表了智慧、美貌和财富。因有了如此神奇的泉水，清水寺的茶艺也成了京都之首。

在京都，最精彩的寺院建筑是三十三间堂。三十三间堂的正式名称是“莲华王院”，主建筑物呈长方形，长度达60米，因建筑物内有33个以梁柱隔开的空间而得名。在三十三间堂里，供奉了1001尊木雕的千手观音像，每尊法佛都是庄严的观音，以整齐的排列方式贯穿整个殿堂。在这里，你绝对可以享受到一次精彩的视觉震撼。

红叶是京都之秋最优美的歌唱。

除了静态的寺院外，京都西北方的岚山和龟冈之间，是保津川流经的一段极美的峡谷地形。在这儿，无论是搭乘视野开阔的观光小火车，还是乘平底长舟顺流而下，都是欣赏古都风貌的好方法。

京都的古色古香，总是在一些细节上带给人们美的享受和心灵的沉静。其实，享受美景不正是回归内心，追寻自然，抛开一切世俗物欲的过程吗？

函馆的圣约翰教堂。

北海道 Hokkaido

一场风花雪月的守候

北海道这处世外桃源，既浪漫温情又凄美冰冷。她变幻的视野，总会勾起我们对很多陈年旧事的回忆，亦能引起我们对美好未来的憧憬。向左走，还是向右走？这个地方会告诉你：跟着感觉走。

《非诚勿扰》里的爱情故事就是一场与北海道有关的风月。蜿蜒而又绵长的公路，路旁一望无际的田野，孤零零的小教堂，汹涌澎湃的海水，忧伤的民族小调……浪漫与柔情立即沁入你的每个细胞。

成片的薰衣草，烂漫，与蓝天相嬉戏，如果说蓝天是镜子，那这一片紫色的，就是精灵，她懂你的心思。

提及浪漫，首先不得不提的就是花。在北海道，春，樱花开遍山谷；夏，薰衣草的紫色花海波澜起伏；秋，红色漫山遍野……赏花，就一定得徜徉在美瑛和富良野的花田中。美瑛是花的海洋，美瑛的新荣之丘上，亭亭玉立的羽扁豆、大片的玛格丽特冲着阳光绽放灿烂的容颜，壮丽而又神圣的白色花海中，还散落着有牧草捆扎成的圆形人体者守护着这片花海。富良野的富田牧场上最负盛名的是——彩色花田。一个花色一条彩带，几种花色构成一道美丽的彩虹。能有幸看到彩虹花带，是无比幸运的。守着这片灿烂的美景，你甚至会怀疑这是奇迹。

与花的芬芳气质不同的是，各种农作物构成的大自然拼图，也甚为浪漫。骑上脚踏车，就可以尽情地游走在丘陵小镇。平缓的丘陵上，阴晴变化的农作物地带，能够让人深深感受

每年都如期到来的大雪，却始终都是北海道的新衣裳，因为它每一次都不同。

北海道安宁的一天开始了。

大地的气息。金黄的麦穗摇曳着，远处天空湛蓝，好似一幅精美的油画。如棋子般点缀的牧草卷，为冬日的牲畜储备过冬的粮食。这种丰收的浪漫，更是让人向往。而这些农作物之所以得到如此的养育，水泽水库功不可没。水泽水库，平静淡然，山峰与树木都倒映其中，映出如诗如画的美景。守在湖畔，月光洒在静静的水面上，思绪回到了从前，回忆里总会有人如约而至，再次缠绵。

享受浪漫的途中，还能偶遇“哲学之木”。这棵树木独自矗立在一片原野中，以恰当的角度倾斜出了哲学的内涵，又恰似一位哲人在沉思。夕阳中，阳光透过，深沉而又别有一番意味。这种浪漫是多么高贵而又肃穆！

花的浪漫满足了我们的视觉和嗅觉，而到食都札幌就是让自己的舌头过瘾。

札幌的水质洁净甘美，啤酒远近驰名，美食更是首屈一指，有“食都”的美称。北海道的拉面在日本拉面中是最好吃的，而地道的札幌拉面汤料更是讲究，稍有咸味但回味无穷。想吃拉面就可以游荡到一条全是拉面馆的小巷子。这个巷子虽小，却容纳着几十家的拉面馆，每家店都有自己的招牌和特色，还有很多明星的签名和合影等，琳琅满目，即便是随便逛

夜行寝台列车

寝台特急Cassiopeia(仙后座)号是连接上野和札幌之间的夜行寝台列车，也是日本最豪华最新型的寝台列车。列车的豪华设计和优质服务自然不用说，更重要的是独特的视觉和心灵享受。该车的展望车拥有绝佳的宽敞视野，天井与地板以宝石蓝的配色延伸出悠闲清爽的味道，配上绿色波浪长条椅带来视觉上的趣味，两侧的大玻璃观景窗外快速流动的风景更让人惊叹连连。每晚都有很多情侣和夫妻在仙后座上记载心情故事，感觉别样温馨。

逛都会垂涎三尺。为了享受美味，有时还要排队等待，这就说明这家拉面的味道更美。除了札幌拉面之外，还有当地颇具特色的鲑鱼煮，也就是日本人非常喜爱的“三平汤”和“石狩锅”。当然海产十分新鲜，味道也十分鲜美。

色彩斑斓的白日过后，夜晚的浪漫就慢慢蔓延开了。此时，早早步行至函馆山顶，等待千万种夜景的出现。函馆夜景与香港太平山夜景以及意大利那不勒斯夜景并称“世界三大夜景”。深夜中，山顶上，居高临下，所有光芒都集聚在此。家家户户灯火通明，形成了醉人的蝴蝶海岸夜景，整个城市犹如宝石美钻，晶莹闪烁，美不胜收。梦幻中，这星光闪烁的世界似乎就在自己的掌控中，忘却曾经的忧伤与哀愁吧，投身她的怀抱。

望夜景，累了凉了，就在北海道泡温泉，让疲惫的身心得到彻底的放松和舒缓。全日本最有代表性的温泉区，也是品质

暖暖的雪，胖胖的房屋，瘦瘦的河。

北海道札幌的钟楼夜景。

最好、最受欢迎的，是登别温泉，号称“日本第一汤”。泡温泉前，先到地狱谷兜一圈。传说中的地狱谷，各处是火山喷发的痕迹，热气缭绕，不断从地下喷出浓浓的硫黄味气体，冒出滚滚热水和水蒸气，似乎能想象出地狱中那些鬼怪被酷刑拷打的场景，让人不寒而栗。但就是这地狱谷酝酿了温泉。登别温泉每天有多达万吨的温泉涌出来，水质多样，有包括硫黄、明矾、食盐、放射线等11种泉质，泡不同的温泉会产生不同的功效，可解乏祛痛，也可养身美容等。

大概为了和地狱谷相配，登别温泉街上，还有人贩卖着各式精灵鬼怪的纪念品。道路两旁尽是鬼怪雕像，这些雕像并不恐怖，反而很可爱。而在极乐通商店街上，还专设有一间阎魔堂。阎魔大王每天都会有6场审判表演，看上去煞为严厉。但听说，严厉的阎魔大王，还挽救过一位少女的生命。那位少女长时间被怪病困扰，阎魔大王指点少女去浸泡登别温泉，结果不药而愈。情窦初开的少女爱上了阎魔大王，但怎奈少女不堪为情所苦而投湖自尽，化为一条青龙。少女与魔鬼，这又该是一段怎样凄美的风月？

这些浪漫元素似乎一直在为最后的守候作铺垫，不管是今人，还是古人。岩井俊二的经典电影《情书》中，藤井树无法释放对已故男友的爱恋，但一封奇怪的信让她开始了释爱的心灵之旅。这样浪漫美丽的经典爱情电影，就是在圣城小樽拍成的。湛蓝近乎剔透的天空、扬扬飘洒的白雪、潺潺不断的流水、星光灿烂的夜晚，原来，北方的华尔街，这座小城里一直编制着无数精美的电影。

夜幕将降，两个人一起手挽手，悠闲地在小樽运河旁边散步。陪心爱的人，到小店铺看看玻璃工艺品。累了，就到茶馆喝壶茶，聊聊天，呼吸呼吸日本“一边天堂，一边地狱”的别样文化气息。

东京

Tokyo

精 致 曼 妙

提起东京，便想起那漫天飞舞的樱花，想起花间飘荡的淡淡的花香和清酒的香气。每到三月，不管东京带着多少车水马龙的坚硬，充斥着多少高楼大厦的阳刚，只因为有樱花那粉色的精灵飘荡，整个城市仿佛都精致曼妙起来。

走在东京的街头，感觉与中国的一些城市没有太大不同。然而，同为亚洲城市，东京的风景还是有其独到之处的——“精致”、“曼妙”，这也成就了旅行者对东京的种种幻想。

在东京，每当“春一番”——立春后第一次刮起的强南风——造访列岛，人们便自然意识到了樱花时节的来临，电视、报刊报告着“花信”，街头与车站的布告栏里也贴出了不

说东京的夜晚是一个辉煌而浪漫的梦，这一点都不过分。

少“樱花节气图”。

每到阳春三月，樱花将要绽放之时，整个城市仿佛都在为她庆贺。情侣们相聚于长满花苞的高树前，老年人漫步于已散发着淡淡香气的林荫花道，无论男女老少，无不席地围坐于树荫下，开怀畅饮，只为能看到那春城飞花之时短暂的绚烂。东京人对樱花，似乎有种血脉相连的爱恋，田畔、庭院、公园、路旁，到处都是粉色的飘荡精灵。当然，最著名的还是隅田川、目黑川等沿岸的樱花。花开之时，从花蕊到花瓣都开到极致，盛开的花枝低低垂下，透出淡淡的幽香，在夕阳的金光中，感受不一样的世界、不一样的人生。

富士山的樱花烂漫之极，但这只是其性格的一面，这泣血夕阳，不正是他的悲壮吗？

尽管樱花的生命是短暂的，数天过后，无需风雨，前几日还绯色如云的樱花渐渐飘落，一年一度的花事临近尾声，却留下来满枝绽发的嫩芽。或许当你见到春风中悠然飘落的花瓣，也不禁生出“一片花飞减却春，风飘万点正愁人”的感叹。然而，正是这飘落的漫天花瓣，让你享受到樱花散雪的快乐。每个生命都有自己的轮回，这也是每个生命必走的路途。但生活中，又有哪个生命如樱花般，在绚烂之极时飘散，留给人们如此的爱恋与期盼呢？她们所做的只不过要珍惜每个精彩的瞬间，珍惜身边的人和那平平淡淡的爱恋。

谁能说这不是红与白的思念，远与近的守候？

富士山 Mount Fuji

美轮美奂的“玉扇”

说到日本，人们本能地会想起富士山，它的美丽、它的威武以及日本人赋予它的精神，都让人不禁加快了追寻它的脚步。在日本度蜜月的情侣，一定要在富士山停留，观赏它的美丽，景仰它的威武，体会它的精神……

富士山是日本第一高峰，是日本民族的象征，被日本人誉为“圣岳”。富士山位于本州岛中南部，山体呈圆锥状，似一把悬空倒挂的扇子，日本诗人曾用“玉扇倒悬东海天”、“富士白雪映朝阳”等诗句赞美它。富士山原是一座火山，自781年有文字记载以来，共喷发了18次，最后一次喷发是在1707年，此后休眠至今。山顶上的两个火山口形成了两个美丽的火山湖，山麓还有火山喷发后留下的千姿百态的山洞，有些仍在不断喷气。富士山风穴内的洞壁上则结满了钟乳石似的冰柱，被称为“万年雪”。富士山北麓有富士五湖，湖光山色十分宜人；南麓是一片辽阔的高原牧场，绿草如茵，牛羊成群。天气晴朗时，从山顶可看到日出、云海、影富士等大自然优雅无限的风光。而坐落在顶峰上的圣庙——久须志神社、浅间神社则被日本人视为圣洁的地方。

远方的人，那素净的顶峰在召唤，而近处的屋子却在挽留。

浅间神社中供奉的是祭祀富士山的神灵，据说是一位叫“木花开耶姬命”的女神。日本的民间流传着富士

富士山是日本的“圣山”，凝聚着日本人强烈的信仰。

山终年冰雪的故事。传说木花开耶姬命和筑波山的山神同为山神，但性格却完全不同。一天，天神下凡巡察民情，不知不觉就天黑了。于是，天神就去拜访富士山的木花开耶姬命，请求留宿，但木花开耶姬命却以正在斋戒为由，拒绝了天神的请求。天神无法，只好赶到筑波山，希望筑波山山神能留宿自己，结果受到了欢迎。从此，来筑波山参拜的人流不断，而富士山却遭到了终年积雪的惩罚。

虽然富士山山顶终年积雪，但富士山下却有四季分明的不同景色。这里，春季樱花盛开，夏季山风习习，秋季红叶满山，冬季白雪皑皑。每年的春季，樱花盛开，在繁花的映衬下，远眺富士山，景色分外妖娆。夏季富士山地区适于露营、游泳、钓鱼，冬季则是滑雪滑冰的好场所。无论是樱花掩映中的富士山，还是枫叶灿烂的富士山，都给人以美不胜收的感觉。在像川端康成、渡边淳一郎等大作家的妙笔下，富士山的景致与人物的命运、情感相融合，更是有了一种经久感人的力量。

富士冢

很多日本人都以能登上富士山为荣，但由于各种原因，很多人无法攀登富士山。于是，他们就在能够眺望到富士山的地方，用土堆起许多人工小山丘，并在山丘顶部也建一座浅间神社，供人参拜。民间把这个人工堆起的小山丘，叫做“富士冢”。

韩国

Korea·唯美爱情

提起韩国，人们想起的大多是美丽的女子。然而，有谁知道，正是那一方美丽的水土，才孕育出了那么多美丽的女子。色彩绚丽的济州、漫依恋的南怡岛、半红不红的枫叶、清凌凌的湖水，以及干净面容上带着纯真笑容的女子，构成了人们对韩国的印象。

济州岛 Jeju Island

浪漫之岛

济州岛的一花、一市、一草、一石，甚至一声鸟鸣、一个传说，都如韩国女子亲善的微笑，令人赏心悦目。

最早接触济州岛的美，是看《大长今》时，那殷红的枫叶、蓝盈盈的湖水与湖边沉静、温婉的长今相映成趣。而在著名的《生死谍恋》中，刘唤和林美玉的“生死谍恋坡”更是济州岛的美景：坐在长椅上，静得可以听到身边几棵老松树松针掉落的簌簌声，身后的海与天在遥远的地方交接……

事实上，济州岛原本也是一个由传说和自然点缀结合而成的天然的休憩乐园。它在韩国最南端的北太平洋海上，经过自然之母千百年不停地运动而浮出海面的。一浮一拱，又拱到很高的高度，足以与上苍亲昵，而最高的山叫做汉山，名起“云汉引也”，意即伸手可及银河。这一浮一拱，使得时至今日，这里还到处可见火山熔岩喷发而形成的大小石头，表面粗糙，布满蜂窝，形状千姿百态。用这些怪石砌成的围墙、隔成的田亩、雕成的神像，都成了济州岛特有的人文景观。而由于近海暖流的影响，济州岛表现出的温暖气候以及怡人景色，也深深地吸引着各方游客。

步入济州岛，一股乡间清新泥土的气息扑面而来，让你一扫大都市的浮躁与炙热。而耳边响起的像

是撒娇一般的韩语，犹如一曲清新悠扬的田园交响诗，不管是对谁说起，都会在心底漾起一个会心的微笑。

这就是烟雾缭绕的汉拿山。

济州岛是个多风的地方。但这里的风是清新的，且绝不会吹得人迷了眼睛，散了头发。这里是那种轻轻的、柔柔的、吹面不觉的、极有亲切感的风。阵阵清风吹得遍地黄花，阵阵飘洒，就像是等候迎送客人的小孩子。而四月天里，那风吹得满树漫天的樱花，是这个岛屿街头一年四季唯一的一次飘洒。

济州岛海水清澈的颜色可是出了名的，在世界上也并不多见，它的海产资源也非常丰富，成为济州岛最基础的生活资源。悠闲的当地商贩在海边搭着铺子叫卖着各种海产品，渔夫们在岸边也将船停靠了一排排，他们绝不会追着你兜售，好像谁的来去都不会改变他们自在怡然的生活调子。

到此来，挑无风的日子和渔夫们一起出海，体会渔民的怡然生活，与济州岛上热情好客的人们一起，品尝独特的韩国料理，其乐趣足以想见。

马群、草地以及映着蓝天的湖泊，足以使这里有田园牧歌的唯美和浪漫。

泰国

Thailand · 风情撩人

泰国，就像一个蒙着神秘面纱的女郎，隐蔽在原始与现代之间，它那独特的风情，吸引着无数人的目光……

曼谷 Bangkok

姿色缭绕的天使之城

整个曼谷就像一位身穿金缕玉衣的婷婷少女，平静地躺在湄南河畔，一排排、一簇簇闪烁的灯光，像五颜六色的宝石，向人们展示着曼谷迷人的魅力风情。

曼谷位于泰国河流之母湄南河的下游低湿地区，被泰国人亲切地称为“军贴”，意为“天使之城”、“玉佛的宿处”。据说，曼谷的海拔比海平面高出1米，且距离暹罗湾只有40千米，可以说是一座坐落在海边的不凡之城，林立的高楼与低矮的木屋交错中闪现的庙宇形成曼谷独具特色的风景。

曼谷的美丽离不开湄南河的围绕。湄南河素有“东方威尼斯”之称，是一条美丽而朴实的河流，一如曼谷的人。它围绕着曼谷蜿蜒而走，两岸满是繁茂的热带花木，风光绮丽。寻一叶小舟，撑一根长橹，飘飘摇摇地行于湄南河之上，微风轻轻吹起衣袖，远处传来庙宇中隐约的梵音，心仿佛都静了下来，随着那湄南河的清水缓缓流动。

佛寺前的雕像造型夸张，色彩绚丽。

宁静处，也不乏尘世的喧闹。湄南河两岸尽是高耸的楼宇和一排排低矮的小木屋。楼宇虽在远处，但因高耸，身在河中，却也可见它如剑般的身影，仿佛就在岸边。木屋是实实在在依水而建的，8根粗粗细细的柱子“窈窕”地立于水中，支撑着满是鲜花的小木屋，漂浮在河面

尖尖的佛塔在灯光的装饰下金碧辉煌，在它们的周围又是朦胧的蓝，就是梦的呼唤。

这里曾是曼谷王朝历代国王议政和居住的地方，如今仍是举行盛大庆典的皇宫。

上。在河面与木屋之间，随意地搭着几层木梯，身穿沙丽的泰国妇女沿木梯而下，或洗衣或洗澡，老人坐在木楼边的凉亭中悠闲地吸着烟斗，孩子们成群地在河边玩耍……

紧偎着湄南河的，是举世闻名的大皇宫，这也是来曼谷必去的一处胜地。大皇宫因其错落的布局以及精湛的建造艺术而闻名于世。它是仿照曼谷王国故都大城的旧皇宫建造的，具有鲜明的暹罗建筑风格。如茵的碧草、多姿的古树、静静的菩提，以及那4座宏伟的宫殿，构成了一幅绚丽多彩而又恢弘的油画。还有那大皇宫的佛塔式的尖顶，直插云霄，鱼鳞状的玻璃瓦，在阳光的照射下，灿烂辉煌。

曼谷的美丽还在于那令人惊奇的慢节奏，泰国人将它形象地称为“沙一耶耶”。在这里，时间仿佛成了取之不竭的源泉，堵塞的交通，习以为常的交警，还有车上悠然等待的司机。没有谩骂，没有迫不及待的汽笛声，仿佛一切都是那么自然。曼谷的街头，无论是王宫的巡卫队，还是普通的行人，都惊人地保持着一致的缓慢步伐，一切都顺其自然。

或许在这个佛教国度里，大象的节奏成了一切的节奏。行色匆匆的人，何不也停下来，与曼谷人一起悠闲地漫步？

普吉岛

Phuket Island

秀 逸 多 情

在神秘安静的泰国，也有一处世外桃源，它像一颗椭圆的珍珠镶嵌在泰国南部的安达曼海。这处世外桃源有一个美丽而多情的名字——普吉岛，一如度假时放松闲逸的心情。

阳光，灿烂得让眼睛都眯成了微笑的月牙儿；风，充满柔情地轻拂着你的面颊；海水，涌动成浪漫的风情——这就是普吉岛。

“普吉岛”一语原本来自马来文，意思是山丘。普吉岛一如它的名字，全岛遍布着绵亘的山丘，中间点缀着些许盆地。然而，普吉岛又不仅仅只有山丘，它还是名副其实的泰国珍珠，静静地镶嵌在泰国南部的安达曼海。珍珠当然离不开海洋，普吉岛的海洋晶莹剔透，仿佛水晶龙宫，吸引着各方的行者去探索。在普吉岛的西海岸，一片片原始的洁白的沙滩，在阳光的照耀下，涌动着安达曼海拍岸的浪花。

尽情地享受美景和阳光，是在普吉岛最应该做的事情。

充足的阳光、美妙的风景是普吉岛最美的外衣。躺在细腻柔软的沙滩上，把蓝天白云、碧海都拥入怀中。眼前这片澄澈见底的海，从海滩到远处，点点伸展、层层加深，如透明的绿松石。如孔雀尾巴上的那抹翠蓝，水天之际那一带醇厚的蔚蓝色缓缓地闪耀它的光彩。水天相接处腾起的水雾，模糊了界限，海上的白色帆船成了这里最好的点缀。就这么望着，自己就好像

身在画中。

面对这平静而温润的碧海，呼吸着海水诱人的咸味，心中会不自觉地产生扑向大海的冲动，在普吉岛拥抱大海的最好方法就是浮潜。当你穿上潜水衣，进入海底世界的时候，一下子就会被水下神秘美丽的世界惊呆。没有任何污染的水如玻璃般丝毫不遮拦视线，色彩斑斓的水底珊瑚，阳光照着水流产生运动着的光如同在舞蹈，鱼群在指间游动，水流震颤着游走在身体的周围，心在瞬间变得万分纯净。

清新的空气，饱满的色彩，使每一个细胞都愿意敞开了胸怀来拥抱这一刻。

在普吉岛，不论怎么沉醉于她的美丽，还有一件不能不做的事情——到神仙半岛叩拜泰国的四面佛。顾名思义，四面佛就是端坐在金顶四角亭中的佛是有四面的，顺时针方向，第一面求平安，第二面求事业，第三面求爱情婚姻，第四面求金钱。四面佛的拜法也比较独特，先把一小束花插在佛前的花瓶里，一根黄色的小蜡烛点燃插在第一面佛前的香炉里，12根香点燃了，四面各插3根，最后把一小片金箔纸贴在佛座上。据说这是很灵的，因此四角亭周围一圈圈地摆了数千只木刻或金属质地的小像，都是香客还愿给佛的。

普吉岛的海洋、普吉岛的阳光、普吉岛的佛光……对于任何人都有“致命的杀伤力”。

这里的夜晚就像静静的安眠。

印度尼西亚

Indonesia·

灵魂那条浓浓的影子

把炙热的一颗心晒在印度尼西亚的大地上，心灵开始温暖，也开始疯狂地成长。在忙碌的生活中，曾经把灵魂丢了。在这里，火山、湖泊、沙滩、悬崖、壁画、皮影、庙宇、宫殿、葬礼……无不影射着灵魂浓浓的影子。就此安放一颗心，享受温暖灵魂的惬意。

婆罗摩火山 Bromo

二分之一的悲剧

婆罗摩火山，给世人上演着1/2的悲剧，这种悲剧里有苍凉，也有崇高。婆罗摩火山上喷薄而出的红日，让其在1/2的悲剧之外，溢出一种金黄的辉煌。

婆罗摩火山的悲剧之美，蔓延在火山祭的节日庆典里，孕育在最原始的心迹袒露中，隐匿在对无尽时光的痴痴呓语中。

婆罗摩一向被奉为庇佑一方的火山神。山脚下，一座小小的印度庙日复一日地诉说着一个传奇的故事。传说一对久婚不孕的夫妇，得到火山神的眷顾，答应赐给他们子嗣，但条件是把最后一子献给火山神。夫妇答应了火山神，山神的允诺也应验了。他们生了25个孩子之后，就停止了生育。没想到，最后一个儿子非常聪明可爱，他们不忍心交给山神。山神震怒了，灾难降临了。村民们慑于山神的威仪，每年爪哇历的12月14日月圆之时，将村里抽签选出的婴儿投入火山口中。而今，村民们还会用头顶着粮食和动物，去祭祀山神，祈求保佑。

火山祭的仪式就这样一直流传着。婆罗摩火山其实也并没这么可怕。反而是当我们踏上火山的腹地，就会感受到别样的壮丽。为了一睹壮丽的日出景致，凌晨三四点时，

谁能说这不是地球饱经沧桑的面庞？

人们就身着羽绒服，开始向婆罗摩山顶进发。

随着天边泛出的白光，身边也白云缭绕，烟雾腾腾，漫无边际，一如行走在空中的浮云之上。朦朦胧胧中，平坦的沙地上，婆罗摩犹如一只黑乎乎的巨碗，慢慢地突兀出来了。巨碗的上空，一束发黄的烟柱在微风中得意地舞动着，整个空气中弥漫着硫黄的气息。

这山巅与云雾之间，你感受到的不是蓝天的悠远之美，不是火山蓬勃的壮丽，也不是浮云缥缈的浪漫，而是一种震撼，它包括一切。

登上巨碗壁的200多级的石阶，站在这座神秘火山口的巨碗边缘。那个曾喷发出灼人烈焰，顷刻间吞噬千军万马，蔑视苍生、不可一世的火山巨魔，此刻就静静地躺在你脚下。然而，能踏上这神秘的火山，感觉火山原始的心迹，连同脚下柔软的泥土，人不但忘却了苍凉，反而备觉温暖。人们将一捧花束抛入火山口，慰藉山神，也默默祈祷那些亡灵早日超生。

祭罢，只觉从云际里跳出来的第一抹阳光闪过。太阳也露出一点红红的脸蛋，似乎还有些羞涩，遮遮掩掩的，也不见了。婆罗摩顷刻间已经被镀成了一座金山，雄浑绮丽。从山脚一直延展到天际的云，层层叠叠，色彩斑斓。太阳透过云缝，射出一道道金色的丝线，径直射到全身，脸上都泛起光。霎那间，红彤彤、金灿灿的太阳一跃而出。

站在婆罗摩巨碗的最高端，回望远处平坦碗口观日出的人们，黑色的小点如蚂蚁般渺小。这1/2的悲剧，是否就如同我们的人生，各自上演各自的悲剧，只为了那片刻的辉煌与欢喜？

非常记忆

前往依然在冒烟的火山口，需要骑马横越一片小沙漠。狂风将飞沙卷起，连同马夫脚下的拖鞋与马儿走路时所拖出来的飞沙尘土，让人顿觉苍凉。戴着口罩，却觉得呼吸不顺畅。在尘土中，火山隐隐约约在视线之内。抬头望去，目及之处除了飞沙还是飞沙，满眼荒芜渗入心底。

巴厘岛

Bali Island

以艺术为名，借我你的一生

世人冠予巴厘岛的美誉太多太多，诸神之岛、诗之岛、千寺之岛、天堂之岛……而东方的希腊，更准确地捕捉了巴厘岛神秘纯粹、绝世而立的人文气息。在此，以艺术为名，慰藉尘世躁动的凡人：巴厘岛，请借我你的一生。

巴厘岛就是一位年轻而又俊秀的哲人，以世界的本原诗学的艺术、神学的虔诚形成独特的气质，吸引着世界上每个角落里的人。

平坦柔软的沙滩，洁白细腻的沙粒，卷起裤脚的人正在海边慢跑……这是巴厘岛众多海滩中的一瞥。库塔海滩不但是玩冲浪、滑板的乐园，还有一条热闹的商业街，可以搜罗到各种好玩的手工艺品。其中有巴迪布、格里斯短剑、木雕、银制品、铜或铜合金神像、皮影戏傀儡、木偶戏傀儡、景物模型如婆罗浮屠佛塔、甫兰班南陵庙等等。在金巴兰海滩，可以享受一个海鲜烧烤夜：在长长的弧形海滩上，几百张的餐桌，有太阳伞挡风遮雨，柔柔的海风中夹杂着那么一小股典型的海腥味，桌上摆满了香喷喷的海鲜。傍晚看落日，深夜看繁星。一边是一望无际的蓝天碧海，一边是吉他手的轻歌曼舞，用磁性的声音演奏着各国民谣。而在著名的水上活动区海滩南湾，伴着无瑕的阳光和白皙的沙滩，可以尽情地戏水、堆沙。还有浮潜、水上摩托车、香蕉船、降落伞等

高高的佛塔就像一棵塔松，似乎预示了生命的无限。

只要是金黄的稻田或麦田，只要是在安宁朴素的乡村田园，那它们的美就是一致的。

在这玫瑰红的夕阳下，在这温柔乡的梦幻般的河边，那销魂的一吻足以让人铭记终生。

水上活动。此外，也可乘坐玻璃底船至海龟岛，欣赏美丽多姿的珊瑚群，观赏大海龟和各类珍禽动物并与它们合影，度过一个难忘的海滨休闲日。

海滩上的欢笑声似乎还在耳边，我们的心灵又听到全岛最具艺术气息的地区——乌布的召唤。乌布被称做“文化艺术村”，为巴厘岛的绘画中心。幽静的田园风光、山林、梯田、河谷，动人的传说和故事，散发着浓厚艺术气质的绘画作品，令人为之流连。这里的美术馆收藏了国内外很多艺术家的艺术精品，馆藏非常丰富。

乌布以南的马斯则是木雕之乡。这里集中着巴厘岛最优秀的雕刻师。在这里，我们可以在充满巴厘风味的艺廊内漫步流连，细细品味精致的木雕作品，以及大师们埋首工作或指导学生的情形。

巴厘岛的雕刻与绘画以及自然风光与民俗故事都散发着浓厚的艺术气息。来自宗教神话的巴龙舞更让人震撼。巴厘岛人的古典舞蹈典雅多姿，在世界舞蹈艺术中占有独特的地位，亦

印度尼西亚日惹皇宫的水宫。

是印度尼西亚民族舞蹈中一枝鲜艳的奇葩。巴龙舞，又名狮子与剑舞，讲述代表正义的神和代表邪恶的魔之间斗争的故事。该舞蹈最终要表达的思想是正义与邪恶是相对的，是永远都要共存而无法相互消灭的。舞蹈的创造者可能比爱因斯坦更早地揭示了相对论的理念。

也许，巴厘岛人真的很有天赋，而这又多来自于神灵的庇护。巴厘岛又称诸神之岛、千寺之岛。巴厘岛人坚信他们就是诸神的后代，全岛多达12500座的庙宇。巴厘岛人如此虔诚地信奉着神灵。众多庙宇中，最著名的有海神庙、圣泉寺。每个寺庙都有自己的节日，每年四月，这里的教徒头顶这些神像徒步到海边，为神像洗澡。特别有趣的是，许多神像都披着衣服，有的还打着伞。据说是人们体恤神灵，怕他们在热带的阳光下过分暴晒。

海神庙，建筑在海边的一块巨岩上。涨潮时，此庙四周环绕海水，和陆地完全隔离。落潮时方可以相通。海神庙用来祭祀海神，建于16世纪，至今任由海水冲刷环绕着。巨岩下方的对岸岩壁上，有一个小穴中有几条有毒的海蛇，传说它们是寺庙的守护神，防止恶魔和其他的入侵者。据说寺庙建成时忽逢巨浪，寺庙岌岌可危，于是寺内和尚解下身上腰带抛入海中，腰带化为两条海蛇，终于镇住了风浪。从此海蛇也成了寺庙的守护神。一般人是无法进入寺庙内部的，只有印度教的教徒才能进去，这是他们宗教的神圣之所。

比巴厘岛庙宇更为神秘的是，在宗教信仰的影响下，巴厘岛人对死亡有自己的理解，他们的习俗是要庆祝死亡，举行隆重的火葬仪式。火葬的前一天，死者的亲属身着华丽的盛装，男子还须佩带宝剑，聚集到一起游行。火葬当天，也异常热闹。在音乐的伴奏下，男人抬尸体，妇女带一瓶圣水，还有一群给死者灵魂带路的活小鸡被摆放在葬礼列队前。祭司祈祷完毕，发放弓矢，葬礼列队出发。祭司手执红法冠，在尸体面前引导，队伍走过弯弯曲曲的路线。进入火葬场，死者近亲割开裹尸布，祭司登上竹塔的平台，大声念诵祈祷词，把许多古钱撒在上面，妇女们将带来的圣水洒在尸体上，再把盛圣水的瓶子打得粉碎。接着，将尸体移入兽形木棺，待到夜幕降临，就开始放火焚烧。在火光之下，庆祝仪式开始，乐队奏乐，观众开始狂欢。在祭司祈祷下，再把骨灰抛进大海。整个葬礼结束。

巴厘岛人能够乐生更能够乐死，在这种诗意的自然环境和诗意的生活方式中，他们的生活逍遥自在，快活自如。

阿勇河漂流

有这样一种说法，到了阿勇河漂流，才知道真正的巴厘岛。阿勇河长11千米，流经22处急流点，两岸均是原始森林的变换景象。漂流中迎面而来的景观，时而是葱郁的树林，时而是开阔的原野，时而是阴森的蝙蝠洞，时而是一泻而下的瀑布，好像在一个魔法世界。

印度尼西亚的普兰巴南寺

印度

India · 神的宫邸

印度是一座神的宫殿。它在某种程度上象征着智慧。这种智慧不是来自大脑，而是心灵对世界静止的体验。古色古香的伊斯兰教或印度教古建筑、用形体来修炼的瑜伽哲学、莫卧儿王朝的宫殿……更多的智慧流溢在外，指点着世间迷失而又生有慧根的众生。

德里 Dalhi

王的踪影

在德里，红色的墙壁、白色的大理石、精致的壁画、破旧的废墟、擎天的石柱等古迹中，可随处邂逅王的踪影，触摸这些古迹，与王对话。王们透过这些景致讲述着他们的故事，或爱或恨，或悲或喜。

德里的古迹风景，大多跟某个王相关。

胡马雍陵，是胡马雍的故事。胡马雍是个爱好诗歌和葡萄酒的国王，但缺乏政治与军事才能。即位10年后，他作为皇帝的权威荡然无存。15年后，流亡到波斯的胡马雍在波斯大军的援助下回国，打败了苏丹王朝，重建了莫卧儿王朝。他从流亡地带回了许多法官、工匠和艺术家。这位不幸的皇帝沉醉于胜利和美酒的时间并不长，他从宫廷图书馆的台阶上摔下来，凄惨地死去。他的妃子哈吉·贝古姆，为了纪念死去的丈夫，下令在亚穆纳河附近建造了帝国最壮丽的陵墓。

陵墓坐落在一个布局适中的花园里，墙四面各开有一个高大的门。陵墓的寝宫形如四瓣开放的花朵，宏丽壮观，全部用红砂岩砌成，并以白色大理石花纹图作装饰。寝宫上方有低矮的穹顶。这座陵园的设计与建造充

分体现出了印度、波斯建筑风格的完美交融，终日笼罩于烟雾中，更多了一股神秘感。

新德里的总统府夜景。

阿育王是印度孔雀王朝的第三代君王，为了统一印度，他发动了很多场战争，殃及无数生命。阿育王年老时自觉罪孽深重，“放下屠刀，立地成佛”，在一位比丘的点化下，阿育王皈依了佛教。阿育王柱最顶端是四只狮子，分别面向东、南、西、北四个方向，象征着要把佛法弘扬到四面八方。这就是阿育王石柱的典故。

库杜布塔，相传是印度最后一位印度教君王为其皇后所建。和现代化建筑相比，那些沉默的废墟却总是给我们无限的想象，就如同颇有生活经历的男人，才会令人产生了解和爱慕他的欲望。塔底座的大门上刻有一句铭言：“谁在地上为真主修造清真寺，真主就在天国为他建造同样的寓所。”

红堡，传说是莫卧儿王朝第五代国王沙贾汗因爱妻蒙泰姬逝世，在故都阿格拉处处触景伤情而迁都德里后，仿照著名的阿格拉城堡设计建造的。

莲花庙却不同，里面空空如也，只是一个高大空阔的圣殿，既无神像，也无雕刻、壁画等装饰性物件。风和日丽的日子，走在褐红色的甬道上，抬眼望去，蓝天之下，百花盛开，绿油油的草地上绽放着一朵巨型白莲花，令人感叹。

新德里总统府前安静的街道。

❖毫不夸张地说，泰姬陵是一种用思念砌成的美。

泰姬陵 Taj Mahal

爱的见证

当初，泰姬陵的出现，是作为爱的见证。而今，神奇的泰姬陵，一次又一次给我们带来震撼，大概也是缘于这种爱的见证。

靠近泰姬陵，似乎靠近了一位不食人间烟火的仙女，飘逸而又轻盈，平和而又纯洁。

泰姬陵百看不厌，它仍旧能使人惊讶。毫无疑问，泰姬陵是世界上完美艺术的典范。由大理石建成的建筑毫无瑕疵，月光之下的泰姬陵更给人一种恍若仙境的感觉。她不仅表达了沙贾汗对爱妻的深切怀念，也是他给人类的一份厚礼。

❖骑着大象隔河而望，你感受到的可能是夕阳的无比温柔和泰姬陵的幻美，但旁观者看到的却是柔美的感伤。

这座陵墓背后其实有一段哀怨缠绵的情事。17世纪莫卧儿帝国皇帝沙贾汗为纪念爱妃蒙泰姬，动用了数万名工人，以宝石镶饰修建陵寝，图案之精美令人叫绝。泰姬陵最引人瞩目的是用纯白大理石砌建而成的主体建筑，华贵高雅。泰姬陵的色彩沉静明丽，湛蓝的天空下，青青草色托着晶莹洁白的陵墓和高塔，两侧赭红色的建筑物把它映照得如冰如雪。倒影清亮，荡漾在澄澈的水池中，当喷泉飞溅，水雾迷漫时，它闪烁颤动，倏整倏散，飘忽变幻，景象尤其魅人。为死者而建的陵墓，竟洋溢着乐生的欢愉气息。

凡是见过泰姬陵的人，无不被它那洁白晶莹、玲珑剔透的身影所倾倒。这是一座全部用白色大理石建成的宫殿式陵园，是一件集伊斯兰和印度建筑艺术于一体的古代经典作品。人们称誉它为印度的骄傲，称它为世界七大奇迹之一。古往今来，多少文人墨客、风流名士歌颂它、赞美它。

朝霞升起时分，初升的一轮红日伴着袅袅的晨雾，仿佛要将泰姬陵从睡梦中唤醒，此时的它显得很静。中午时分，泰姬陵头顶蓝天白云，脚踏碧水绿树，在南亚一向耀眼的阳光映衬下，更出落得玲珑剔透，光彩夺目。傍晚，泰姬陵迎来了它一天中最妩媚的时刻，斜阳夕照下，白色的泰姬陵开始从灰黄、金黄，逐渐变成粉红、暗红、淡青色，随着月亮的冉冉升起，最终回归成银白色。

在月色朦胧中，泰姬陵显得格外高雅别致而皎洁迷人，犹如美人蒙泰姬在含情沉思。据说，泰姬陵最美丽的时候，是朗月当空的夜晚。白色的大理石陵寝，在月光映照下会发出淡淡的紫色，清雅出尘，美得仿佛下凡的仙女。正如沙贾汗在建好之初所说："如果人世间有天堂与乐园，泰姬陵就是这个乐园。"

泰姬陵精美的工艺

泰姬陵的迷人很大程度上依赖于其工艺的精美。首先在于建筑群总体布局的完美，其次在于陵墓本身肃穆而又明朗的形象，再者便是熟练地运用了构图的对立统一规律，使这座很简单的建筑丰富多姿。

不管是那白玉石，还是对称的结构，泰姬陵给人的，始终不乏纯贞与温婉。

土耳其

Turkey

·信仰的组合

土耳其是一个有着悠久历史的国度，这里有美丽的自然风貌，也有古老的文明遗址，东罗马帝国和奥斯曼帝国时代留下的建筑遗迹是世界建筑艺术的珍品。在伊斯坦布尔、卡帕多奇亚地带，在庙宇与教堂的神奇交错中，我们看到古老的信仰在这里生根发芽，和谐地组合在一起，悠然而又神秘！

卡帕多奇亚

Cappadocia

山洞里的祈祷

卡帕多奇亚，这片黄褐色的褶皱上有各种奇特的石山，不见人迹的荒芜中多了一种沧桑感。而在这些奇特地貌中的山洞里，隐藏的一处又一处的教堂却能给荒芜世界中的人带来更多的惊喜与震撼！

第一眼看到卡帕多奇亚的时候，疑似在中国的大西北。一样的荒芜，一样的黄褐色，一样的蜿蜒无际。

在这片荒芜之地上，散落着很多圆锥形小石山，大小地洞、峡谷、烟囱石等奇怪地貌。这些鬼斧神工、形状奇异的岩锥、石柱，被当地人称为“仙人烟囱”。有火山爆发的地带，总是会多接受一次特别洗礼。正是火山灰和岩浆在岁月的分化和侵蚀中，才成就了卡帕多奇亚这张特别的面孔。在火山形成的起伏山峦间，一片一片的奇石卷向前方，随光线变幻出各种颜色，冲击着人们的视觉和心灵。

远远望去，那些山石，高的高，低的低。一些大的山丘高100多米，从上到下有十几层洞穴，一排排特别整齐，看上去就像巨大的蜂巢。小石山几步就能攀爬上去。半山的景色和山顶的风景也自然不同。

卡帕多奇亚山洞的内部景象

这片山石中，最著名的是骆驼峰，正如其名，栩栩如生。大概这是一匹行走着的骆驼，在这里歇脚。或者是它的行走就到此为止，毕竟这是一片神圣的土地。

这种神圣同样也来自这些山石。不过不在外边，而是在山洞里。随便攀爬到一座山上，便有可能发现岩石教堂。那些像蘑菇、树桩、尖塔一样的石笋和石柱，构成奇石林立的格莱梅露天博物馆。在这种坚硬而隐秘地带，却依然有人将教堂开凿。这是信仰的力量吗？相传，公元4世纪时，凯撒里亚主教圣巴西尔敦促修道士们定居于此，形成修道院和教堂。后来这里便成了他们生活和祈祷的地方。随着时光的流逝，山洞越凿越多。到13世纪时，该区域的山洞已密如蜂巢。

每一座小尖岩都被挖空，里面都含有一所教堂。

踏着已遭岁月磨损的石梯，可以爬进一个又一个洞室。岩石被巧妙地挖凿成带有穹顶、圆柱和拱门的十字形状；洞壁、穹顶和圆柱上，到处装饰有美不胜收的壁画。

在博物馆范围之外，还有一些峡谷，一般是由一个简单的木牌来标示，或者是用岩石上的箭头来指示每个峡谷的美景。格莱梅周围的峡谷，都以颜色或者符号命名，如白色峡谷、玫瑰峡谷、鸽子峡谷和爱情峡谷。行走的时候，累了就可以到露天咖啡馆休息，或者到地下餐厅去美食一顿。地上还是地下，都会有特别的感受。

伊斯坦布尔

Istanbul

千万年的遐想

伊斯坦布尔整座城市都被列入了世界遗产，托普卡普皇宫、圣索菲亚大教堂、蓝色清真寺……在一片流光溢彩和古色生香的古老意韵中，我们不禁遐想千万年前的时光。

伊斯坦布尔是个能给人带来遐想的城市，城市的每个角落，或曲或直，或凹或凸，或明或暗，或旧或新，处处都闪亮着历尽岁月和文明洗礼的光芒。

伊斯坦布尔是个伊斯兰教城市，众多伊斯兰教寺院的圆顶和尖塔让人赞叹，这其中最负盛名的非蓝色清真寺莫属。这座建于1609年的清真寺，整座建筑由大石头叠建，没有使用一根钉子，古朴而又纯真地矗立在马尔马拉海和博斯普鲁斯海峡的海口处。寺的顶端有一个大圆顶，周围环绕着4个较小的圆顶，它的下方还有30个更小的圆顶。此外，寺院的四周有6座传音塔。

给器皿上镀金似乎在佛教国家更常见。

整个殿堂四壁有260个大小不同的窗子，窗子上有五颜六色的玻璃镶嵌图案。殿堂全部用大理石建造，内壁镶有蓝色瓷砖，使整个内殿蓝光熠熠。

伊斯坦布尔地跨欧亚两大洲，博斯普鲁斯海峡横贯其中。由于曾为古代三大帝国的首都，伊斯坦布尔以其绝佳的地理位置及众多的博物馆、教堂、宫殿、清真寺让人们流连忘返。

夕阳西下时，伫立在博斯普鲁斯海峡

伊斯坦布尔最负盛名的蓝色清真寺在博斯普鲁斯河边。

边，当看见对岸的窗户在落日余晖的映照下射出点点橘红，这时你就会深深理解若干世纪前人们为何选择了这样一个非凡的地方，也会由衷地感叹伊斯坦布尔无愧为世界上最美丽的城市。

棉花堡 Pamukkale

云上的日子

身在棉花堡，有云深不知处的感觉。踩上棉花堡，如同在云端。阳光若隐若现，棉花堡的水和石的美景，时不时地撞击着我们的心灵。

棉花堡，一如其名，色白如棉，远看像棉花团，其实是坚硬的石灰岩地形。叫城堡，是说它由整个山坡构成，一层又一层，形状像城堡，故名棉花堡。传说，当年英俊的牧羊人安迪密恩为了与希腊月神瑟莉妮幽会而忘记了挤羊奶，致使恣意横流的羊奶覆盖了整座丘陵，形成了柔滑的棉花堡。

当车子还未到棉花堡时，黄土地上突然惊艳地飘过一抹雪白的影子，犹如强烈的雨云降临大地，或者冰山漂移到内陆，神奇而瑰丽！再近些，却是棉絮堆积起来的一座“城堡”。玉一样的“台阶”层层叠叠，又如雪砌的梯田，无数涓涓细流从丘岩间的缝隙潺潺流下，温热的水蒸气让棉花堡氤氲在淡淡的缥缈雾气里。泉水积在台阶之间，形成一汪汪波澜不惊的水池，那是热带海水般的淡蓝绿颜色——白岩碧水，犹如雪衬翡翠，说不出的清丽炫目。

站在棉花堡前，抬头的一瞬间，阳光似乎在瞬间绚烂了几百

❖享受棉花堡，享受棉花堡的水。

❖在我们的远方，小小的棉花堡就如遗世独立的仙人，又如孤独的孩子。

倍，天地忽然变得无比明亮辉煌，心也随之豁亮起来。棉花堡真是个奇迹，它是一尊仙界的玉宇琼楼，它是一座真实可触的海市蜃楼……

行走在棉花堡，一直都小心翼翼，不想弄出一点声响，不想打破这份宁静，也怕欢笑声打破对美景的憧憬。棉花堡上的岩石，如海水与悬崖撞击而起的水花，飞溅四起；又如天边那云卷云舒，飘逸轻巧。

棉花堡的温润和洁白，会促进一种强烈冲动的发生：扔掉鞋子，赤脚走在棉花堡上，脱下衣服，跳进一个又一个温润的泉池，直抵棉花堡的怀抱，异常的凉爽和甜美。就想一直这样，和棉花堡同眠。

阿弗罗狄西亚卫城

棉花堡附近有很多古迹，修建于2000多年前的阿弗罗狄西亚卫城便是其一。至今残存的希腊风格的澡堂、拱门、横梁、石柱长廊、指向天空的石柱，它们全部由雪白的大理石雕筑而成，花纹繁复，造型宏伟，震撼人心！

神赐予棉花堡丰富的地下石灰质温泉，温泉汩汩地由深处涌出，顺着丘陵边缘泻下，经过河流般奔涌不息的时光，白垩堆积在表面被侵蚀成棉花状的梯形岩石上，形成层层重叠的形状。层层白垩台阶上的凹陷，由纯净如碧玉的温泉充满。而这里的温泉水，水温终年保持在36℃左右，有着很好的疗养作用。

棉花堡附近，三三两两散落着碧绿的温泉泳池。湛绿又清澈的池底，居然是散乱的大理石石柱和残破的雕像，爱奥尼亚式、多立克式……分明是希腊式古典神殿的建筑风格，这就是传说中的古迹泳池吧。恍惚间，以为这是《海的女儿》中描绘的海底人鱼世界，恨不得潜入池底，在纵横交错的廊柱与横梁间探寻未知的世界。而真的置身其中，却又有种诡异奇幻的感觉，似乎随时会有来自水底的使者与你对话。

当然，最不能错过的还有棉花堡的日落。当太阳的光芒一点点由金色变成绯红、殷红、桃红、玫瑰灰，棉花堡会像一朵最绮丽的莲花，幻化出难以置信的光影奇迹：白色的岩面会被阳光点染出淡淡的色彩，而岩面中水波则再现了天空变幻的奇异色彩。

神奇的棉花堡，云上的日子。

马尔代夫

Maldives · 椰风海韵

在马尔代夫度蜜月的情侣可以携手赤足在细白的沙滩上，感受马尔代夫的体温，泅泳于海洋里，聆听马尔代夫的心跳，忘记尘世的一切，尽情地享受阳光、海滩、爱情和自由……

马尔代夫群岛

Maldives Islands

穿 过 爱 情 的 街 道

珍珠般晶莹的沙滩，碧绿的海水，明媚的阳光，宁静的心情，还有那洁白的小路，但这些贫乏的语言，仿佛都无法描述马尔代夫的美丽。只有与所爱携手，一起漫步在那洁白的小路上，才能真切地感到碧海蓝天的快乐。

马尔代夫，美在海蓝一色的辽阔，美在粒粒海沙的晶莹，美在蓝白相间的舒心色彩，也美在那如花环般小岛上的窄窄的小路。

马尔代夫是地道的火山形成的群岛，1000多个岛屿如花环般撒落在无际的海面上，组成了印度洋上最后的童话乐园。由于马尔代夫的岛屿都是四面临海，而且面积都不是很大，所以美丽海景房的梦想，在这里很容易就可以达到。当然，各家酒店也有高级屋、沙滩别墅和梦幻水上屋等不同级别，可供不同需求的人选择。正是这些，才让马尔代夫赢得了“蜜月天堂”的美称。

来马尔代夫，有三个岛屿不可不去，它们分别是蜜月岛、半都岛和法鲁岛。蜜月岛位于马尔代夫北部珊瑚岛的最东边，是一座独立的“孤

这里，所有的颜色都那么纯净、剔透。

❖梦幻水上屋其实只为人们提供了距离：你没到达它时，它美如梦幻，你在它怀中之时，远处的世界又美如梦幻。

岛”。尽管面积不是很大，但它的美丽与缠绵却早已名声在外了。因为这里是来马尔代夫度假情侣的必选之地。珍珠似的沙滩，映着碧绿的海水，小巧、别致的酒店配着大大的落地窗，没有马路，没有高楼，也没有的汽笛的喧嚣，只有漫天遍地的海洋、天空、沙滩和朋友。

❖在海中看海，在云上想云。

如果说蜜月岛是甜蜜的、缠绵的，那么半都岛就是清爽的、漂浮的。它就像印度洋上的一所人间天堂，散发着一种独特的宁静美。整个岛屿被清澈的海水所包围，岛上的小路旁，度假的小屋边满是粗矮的灌木和高大的棕榈，隔开了行人的喧嚣和吵闹，让你的假期过得既浪漫又隐蔽。

如果美丽的视觉盛宴并不能满足你，那么来法鲁岛吧。它是马尔代夫最热闹的岛屿，是潜水爱好者的天堂。在这里，水底世界美丽得令人窒息。因此，乘船出海，尽情欣赏缤纷的海底花园成了来这里的人“最胆小”的选择。穿着凉爽的泳衣、密封的潜水服，潜到水里，或者舒服地站在风帆、冲浪板上，与大海的波涛搏斗，这才是法鲁岛的乐趣。

马尔代夫有太多的岛屿，有太多的话题，要想真正感受马尔代夫的魅力，要想真正地享受马尔代夫式的“爱情街道”，还需要亲自来体验……

Chapter-2

欧洲浪漫之旅

· 在蓝色的海天之间

Europe

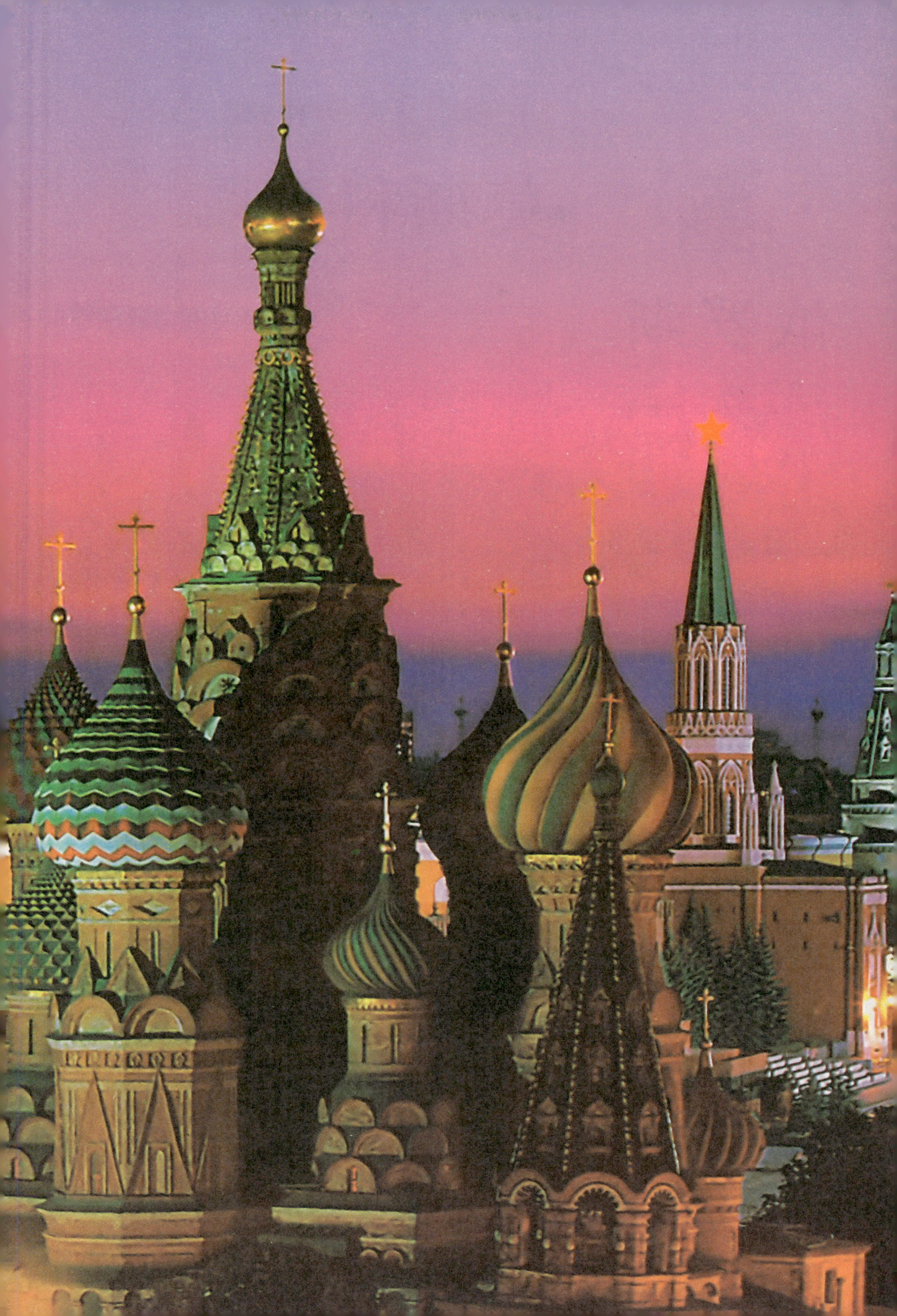

俄罗斯

Russia

· 敞开胸怀的世界

俄罗斯领土跨越欧亚两大洲，是个敞开胸怀的世界。她有象征权力的大小宫殿，有孕育文化的都城，有拯救自我的宗教建筑……因为敞开，所以她能更好地接纳世界，丰盈自我。

莫斯科 Moscow

城里郊外一样迷人

克里姆林宫和红场构成了莫斯科的中心地带，而阿尔巴特大街的各种传统手艺，麻雀山上的公墓和雕塑，加上更多的广场，还有郊外那迷人的夜晚，构成了一组组具有异国情调的油画……

提及莫斯科，人们首先想起的是《莫斯科郊外的晚上》这首民歌，微风习习的夜晚，莫斯科的郊外，但愿从今以后你我永不忘。莫斯科郊外的幽静甜美让我们多了些向往，其实，莫斯科城也很迷人。

克里姆林宫、红场、列宁墓对我们而言已经很熟悉了。作为一个建筑群，克里姆林宫集政治、历史、艺术、宗教于一身。有句俄罗斯谚语这样形容雄伟庄严的克里姆林宫："莫斯科大地上，唯见克里姆林宫高耸；克里姆林宫上，唯见遥遥苍穹。"

红场，意为"美丽的广场"，是国家举行各种大型庆典及阅兵活动的中心地点。红场的地面很独特，全部由

条石铺成。红场的西侧是列宁墓和克里姆林宫的红墙及三座高塔，在列宁墓与克里姆林宫、红墙之间，有12块墓碑，包括斯大林、勃列日涅夫、安德罗波夫、契尔年科、捷尔任斯基等前苏联政治家的墓碑。

这些雅致的建筑，在蓝天下坦然接受游人的瞻仰。

除红场外，莫斯科还有很多广场。其中胜利广场是为了纪念世界反法西斯战争胜利50周年而修建的。这里的胜利女神纪念碑高141.8米，象征卫国战争1418个战斗的日日夜夜。三棱形的碑身，每个棱面上用浮雕板表现了莫斯科等12个英雄城市周围的战斗情景。高约100米处，古希腊胜利女神右手拿着金光灿灿的胜利桂冠。她身旁飞着两个胖胖的小天使，一男一女，吹着胜利的号角。纪念碑的下方，是神奇勇士格奥尔基手持长矛刺杀毒蛇的雕像。

胜利广场向东，就是莫斯科的凯旋门。门高28米，门顶是一尊手执月桂花环，背生双翅驱驾六套马车的胜利女神像。其下的武士，手执利剑，或月桂花环和橄榄枝，象征胜利和平。门柱之间，四尊俄军士兵，身披盔甲，手执盾枪，手指上刻着“驱逐法兰西，解放莫斯科”，整个造型气势宏伟！

夜晚，你可以哼唱着《莫斯科郊外的晚上》，嘴里嚼着黑面包，乘游艇漫游莫斯科河；或在莫斯科欣赏芭蕾舞剧《天鹅湖》、列宾的油画和柴可夫斯基的音乐，畅想迷人的莫斯科。

莫斯科河从克里姆林宫旁边流过。

新圣母公墓

闻名遐迩的欧洲三大公墓之一的新圣母公墓，是俄罗斯诸多政要、民族英雄和优秀知识分子的最后归宿。这里的墓碑，除了刻着死者的头像、姓名与生卒年月，很少有歌功颂德的文字或任何的生平介绍。一块大理石墓碑上刻着这样一句话：“你从这里走过时，请停一停，请想一想。我是长眠在这里永远的人，你只是一个匆忙而过的暂时的人。请思索一下你的命运。”

圣彼得堡的普希金村，这些辉煌的建筑仿佛在提醒人们这里曾经的辉煌。

圣彼得堡 St.Petersburg

俄罗斯的文化之都

圣彼得堡，涅瓦河从城中蜿蜒而过，如同北方威尼斯；而在文学家的眼里，圣彼得堡更是俄罗斯的文化之都。

彼得大帝的青铜骑士像是圣彼得堡的标志性建筑。彼得大帝，被俄罗斯人视为俄罗斯有史以来“最伟大的人”，是他建起了彼得堡城。圣彼得堡也成了“一扇推往欧洲门户的窗”，这里人杰地灵，是俄罗斯的文化之都。

出生在圣彼得堡的俄裔美籍诗人布罗茨基曾将故乡称为“地球上最美丽的城市”：涅瓦河及其数条支流从城中蜿蜒而过，一道道运河纵横交错，城里的每一幢建筑几乎都依水而立，建筑里面富有古典主义韵味的雕塑和装饰纷纷在水面上投下自己细碎而又朦胧的倒影。大型建筑物上那一个个金色的顶端，或是在翻滚的低云中若隐若现，或是在灿烂的阳光下放射出夺目的色彩。一座座宫殿和教堂周围，都环绕着广场、花园或林荫道，它们构成了一个个完美的建筑组合。亲水的设计布局，再加上

这些淡彩画一样的风景，似乎在向我们坦露圣彼得堡雅致、亲切的一面。

古罗马的建筑风格，使圣彼得堡又有“北方威尼斯”的别称。

其实，圣彼得堡还有比威尼斯更美的地方，这便是它的“白夜”。如果在夏初来到圣彼得堡，你就能看到神奇的“白夜”。傍晚，在夕阳西下之后，城市的路灯会照例亮起，然而，夜幕却迟迟不愿降临。失去了夜与昼之概念的人们会久久地在涅瓦河边漫步，就连海鸥也忘却疲倦似的在河面上不停地翻飞，微微泛白的天幕和波光粼粼的水面交相辉映。少顷，迫不及待的朝霞又重新向城市和城市里的人们发出了热情的呼唤。

在文学家的眼中，圣彼得堡是“俄罗斯诗歌的摇篮”。罗蒙诺索夫在这里为俄语诗体制定了方寸，被称为“文学中的彼得大帝”的普希金，在这里完成了奠基俄罗斯诗歌乃至俄罗斯文学的伟业，使这里成了俄罗斯文学的首都。

暮色中宁静的圣彼得堡。

冬宫博物馆

实际上，在圣彼得堡这个摇篮里长大的，又何止俄罗斯的诗歌？走在圣彼得堡的大街上，我们会不由自主地联想到果戈理《彼得堡故事》中的“小人物”；陀思妥耶夫斯基的《白夜》中忧伤的男女；漫步在城市的花园广场，我们会觉得，俄罗斯绘画和戏剧中的那些人物似乎就在身旁一一走过；看着涅瓦河的波涛，柴可夫斯基、斯特拉文斯基和肖斯塔科维奇的音乐又会在耳畔轻轻地响起。

这里众多的宫殿和教堂、博物馆，也借文化之都的名义，闪耀着更多文明和历史的光芒。

德国

Germany ·神秘花园

德国就像一个神秘花园，厚重、温婉，用其肥沃的土壤养育了无数的杰出人物……“花园”中伫立的城堡，也许是吸引人们来德国的真正原因。在梦幻般的情境下，一座座只有童话中才可能出现的城堡，就在你面前，那种历史在现实冲刷下的沧桑韵味，彻底勾起了你儿时的浪漫梦想。

海德堡 *Heidelberg*

丢了心的地方

海德堡坐落在奥登林山边缘，山环水绕，景色奇美，安静闲适。中世纪的古堡隐现于绿丛之中，内卡河穿城而过，老桥横卧河面，古老的石板在夕阳下闪烁朴素的光芒……

在许多德国人心目中，海德堡是浪漫德国的缩影，她有太多理由值得被人宠爱了。她有一种神秘的力量，能够偷走来这里的人的心。在她建立后的800多年间，有许多诗人和艺术家来到这里，并真正地把心留在了这里。

在海德堡的上空，至今仿佛还飘荡着诗人克莱门斯·布伦塔诺和阿奇姆·封·阿尔尼姆的影子。他们那些浪漫的诗句，给落日余晖中的城堡，镀上了一层甜蜜的玫瑰色，闪闪地散发着光芒。诗人约翰·沃尔也曾来这里，当他在这个小城里徘徊时，不由得低低吟唱“我把心遗失在了海德堡”。

来过海德堡的人，大多都把心里最美好的部分留给了她。在这样一个安静、甜蜜，透着淡淡玫瑰色的地方，人们很容易产生淡淡的甜蜜感。来到这里的人，好像每个人都会变成诗人，创作的灵感就像内卡河中的流水，汩汩而淌，从而使这座小城成为那个时代浪漫主义的神殿。

海德堡就是这样一座城市，具有

如果夜再深些，这条小街就是海德堡的一个梦。

无法言喻的神秘力量。每个曾经到过这里的人，都能随口答出几个喜欢她的原因，但是好像又都说得不完全：她拥有德国最古老的大学和大学图书馆；她拥有欧洲最优美、最著名的宫殿的遗址，在欧洲甚至与凡尔赛宫齐名；它拥有最为安静、美丽、优雅的自然风景，让历史上无数大诗人都曾为她深深折服过——舍菲尔、布伦塔诺、阿宁、荷尔德林、埃申多夫、让·保尔。

❖其中的静与美，及热烈的颜色，即便是看着这图画，也令人心潮澎湃。

一个人漫步在内卡河畔，走了很远，但不觉得孤单。因为你身在海德堡，这里安静闲适，有静静的内卡河，河上的老桥在夕阳下闪闪发光，山岗翠绿，街道小巧幽静，山丘上的古堡沉着地俯瞰着这个美艳绝伦的城市已经有几百年了……海德堡能触动每个初来此地的、善感的、多情的人心中最温柔的那部分，使他们对海得堡一见钟情，仿佛寻找这个城市已经很久了，仿佛内心与海德堡似曾相识……然而，深入其中，你会觉得她比想象中的更好。漫游在哲学家步道上，不但能以绝佳的角度隔岸眺望城堡，而且林荫间的幽静令人产生一种成了哲人的错觉！

❖坐在海德堡的小庭院里，读报、聊天、喝咖啡。

在城墙边的角落里，你可以一坐几个小时却浑然不知。在高高的山上，你可以和古城堡一起，俯瞰山脉环拥中的海德堡市，一栋栋白墙红瓦的房屋点缀在绿丛之中，古老的河流静静穿城而过，夕阳映照，如诗如画，此时的你没有别的想法，只简单地希望太阳不要这么快地落到山那边去……

海得堡就这样深刻地矗立在人的心里，带着淡淡的伤感、莫名的悸动和微微的怅然。

莱茵河谷

Rhine Valley

花火中的圣地

在世界上，从来没有哪条河流像莱茵河一样，两岸依次排列着如此多的城市，如科隆、诺伊斯、波恩、科布伦茨和美因茨。世界上，也从来没有哪条河流像莱茵河一样，两岸凝聚了如此多的城堡、宫殿，而且每座城堡都有自己的名字，都有一段古老的传说。

莱茵河从瑞士中部的阿尔卑斯山出发，向北流经瑞士、列支敦士登、奥地利，转而向西流经德国、法国、荷兰，最后在荷兰的鹿特丹附近注入北海。它日夜流动，载运着数以万计的货物，成为欧洲大陆上最具有历史意义和文化传统的大动脉。据说，现在有1/5的世界化工产品都是在莱茵河沿岸生产的，也正因为如此，莱茵河受到了严重的污染。

莱茵河谷小镇的夜晚，给你的只有安静和惬意。

但在莱茵河中部，即德国城市宾根到波昂之间的一段，却有着难得的干净与美丽，被人亲切地誉为“莱茵河谷”。这里如此安详静谧，以至于来往这里的船只都不忍用汽笛划破这里的宁静，它们总是静悄悄地来去，留下一条安静而浪漫的河流。而莱茵河仿佛读懂了人们的善意一般，没有辜负大家的期望，承载着德意志民族的起起伏伏，成为德国的命运之河，也成为德国城堡浪漫主义的

莱茵河谷浪漫的城堡成了德国古典浪漫主义的典型。

古堡俯瞰着日夜不息的莱茵河以及生活在这里的人们。

典范。

乘上小艇，顺着莱茵河蜿蜒曲折的河道，徜徉在清澈见底的河水上，极目远望，碧绿的葡萄园、引人注目的小城、一座座青山，以及掩映在青山之中若隐若现的古色城堡，不禁让人的思绪飘向遥远的过去，那一段段的古老传说、一段段的传奇佳话，仿佛清澈的莱茵河水一样，浮现在人们眼前。

宾根占据着得天独厚的地理位置，从罗马时代开始，这里就种植葡萄。白天，温暖的阳光照射着葡萄生长的土地，人们在葡萄园里劳作；夜晚，悠闲的人们在酒吧或自酿酒的酒馆里，倒上一杯葡萄酒，偶尔与朋友聊上几句。这样平淡，但生活是幸福的。即使没有约朋友，只是独坐，在那样轻松的环境里，品着甘甜的葡萄酒，也是美好的。

提起葡萄酒，就不得不提到莱茵河畔的吕德斯海姆。它坐落在缓缓的山坡上，是一座古色古香的小城。满城都是层叠的红色屋顶和绿树掩映的街道，还有大片的葡萄园。教堂和城堡周围，满是鲜花、小楼、泉眼、酒窖和一个个脸带笑意的游客。小城里，有一条极狭长的叫德洛塞尔的小巷，尽管小巷不足5米宽，但在两旁排列着一座座黑色桁架小楼，楼上、楼下铺满了鲜花。走在这里，到处弥漫着淡淡的花香和浓烈的酒香。而且很多私人的酒窖都向外人开放，让人们品尝各种葡萄酒。夜

❖或许身处其中并不觉多少特别，但当你立身河的对岸，就会发现，它竟这么美！

❖莱茵河畔的咖啡屋

晚来临，在轻轻的晚风中，整个莱茵河谷都揉进了葡萄酒的香气，都沉醉在这浓郁的酒的甜梦里。

世界上，只有很少的地区，能像莱茵河谷一样，将悠闲的生活、充满传奇色彩的传说，以及深厚、真实的历史如此完美地结合在一起。圣·哥阿附近有一段十分狭窄的地段，那里曾经是传说中最危险的地方——洛娥莱山崖。崖高132米、宽90米，就像一个美丽的少女一般，屹立于莱茵河的转弯处。传说，在这片岩石上，曾有一位叫洛娥莱的金发女郎，带着她6个美丽的姐妹。她们美丽动人，而且声音甜美，但却有一颗铁石心肠。每当河水下降时，洛娥莱就带着姐妹们端坐在山崖上，弹起竖琴，唱出美妙的歌谣。所有经过此地的人只要听到她们诱人的歌声，看到她们妩媚的容颜，就会被永远地留在莱茵河中。这个传说曾经让无数的诗人、画家、音乐家慕名而来，而他们的诗歌、画卷和音符，又让两岸点缀着古老城堡的河谷充满了更加神奇的色彩。

如今，当河水下降时，人们还可以清楚地看到危险的“七少女”暗礁。这些奇特的暗礁在落日余晖的照耀下就像少女在梳妆打扮，姿态妩媚迷人。但洛娥莱山岩却已褪去了古老、危险的色彩，而是加入了现代的、多元的绚丽色彩。她平坦的岩石上，有着巨大的露天舞台，摇滚乐、流行乐和民俗文艺成为了这里的主角。

莱茵河是德国人的骄傲，除了大片的葡萄园，离奇的传说，还有数不胜数的城堡。据说，德国的城堡大约有一半坐落在莱茵河谷地区，它们就像女神无意间洒落的珍珠，参差错落地落在神奇的绿色地毯之上。地毯随着季节的变化，一层层地铺展，珍珠便随着林荫道的蜿蜒伸展。当你禁不住好奇，轻轻地推开古堡那优雅而恢弘的大门，一阵古老的富丽气息迎面而来，仿佛身穿燕尾服的绅士在向你鞠躬……

莱茵河就是这样，带着淡淡的酒气与富丽，成为德国的灵魂，也成为无数艺术、文学作品描绘的对象。在这条充满浪漫气息和神奇色彩的河流里，显现着天堂般美丽的色彩。

每到仲夏之夜，莱茵河谷就会举行盛大的灯火节，延续四五天，这期间，莱茵河都将映照在华丽的焰火之中。每当一次轻微的爆鸣，都有一朵焰火从人群中腾空而起，穿过快乐的人群、闪闪的天星，冲向深邃的天空。片刻之后，这朵异域之花，如珍珠瀑布般洒落在河谷之中。焰火的红色光晕给那几个微微温热的夜晚增添几许绚烂的意味，无数只海军的白色舰船，在节日的“焰火”中结队航行；河岸上的人们或在帐篷里，或在搭建的露天舞台上，饮着醇香的葡萄酒，看着漫天的焰火，跳着欢快的舞蹈……

莱茵河谷就这样，安详地沉浸在古老与现代交替的传说和故事中，任由河岸绚烂的烟火，传递上帝的祝福。

鼠塔

在宾根城外，有一个叫莱茵岛的地方，上面有一座“鼠塔”。据说它是罗马元帅德路威斯在公元前8年修建的一座关税塔。后来，主教哈托二世不顾百姓的疾苦，将剥削来的大量粮食藏在此塔之中，引来了很多老鼠。百姓无法忍受主教的盘剥，便抢出了粮食，将主教禁锢在塔中。主教最后成了老鼠们的美餐。从此，“鼠塔”就成了关税塔的别名，并一直流传至今。

莱茵河谷中新旧不一的城堡

新天鹅堡

Neuschwanstein

童　话　中　的　城　堡

每个女孩都应有一座自己的城堡，在那里，时间没有任何意义；在那里，梦可以自由飞翔。不管经历了怎样的磨难，最终都会获得一个幸福和快乐的结局，就像白雪公主那样。新天鹅堡，就是这样一座城堡，拥有白雪公主般的纯洁与甜蜜，带你走进童话的世界。

阿尔卑斯山向来被人看做一个童话世界，那里皑皑的白雪和高高的山脉，无边无际的原始森林和柔嫩的山坡，宽阔的大湖和在绿野上漫步的成群牛羊，非常适合孕育魔法、国王、骑士的古老故事。或许是由于这个原因吧，巴伐利亚国王路德维希二世才把新天鹅堡建在那里。

新天鹅堡，又叫“福森白雪公主城堡”，是坐落在德国拜仁州小镇上的一座白墙蓝顶的神话城堡。站在高高的山峰上，眺望新天鹅堡，感觉她就像天使的一个梦，遗落在了人间。新天鹅堡建于三面绝壁的山峰上，高约70米，依靠着雄壮的阿尔卑斯山脉，背面是一汪清澈透明的湖水，显得尤为神圣而庄严。城堡的四周有缓缓起伏的树林，四角是圆柱形尖顶，上面还有瞭望塔。

❖那些高低错落的尖形塔顶，在摇动的树林中时隐时现。

推开新天鹅堡沉重的大门，仿佛进入了天鹅的世界，一片绚烂的色彩直面而来，金碧辉煌的大殿、色彩斑斓的大理石地面、各色的名贵古董、珠宝，以及鲜艳的油画……没有一处找不到天鹅的美丽身影。天鹅象征着纯洁，从壁画、门的把手到浴盆，天鹅形象无处不在。

✣这样的世界意味着平和、宁静、虔诚。

新天鹅堡的建造非常具有戏剧性。据说，她的建设者巴伐利亚国王路德维希二世非常喜欢艺术，但他的感情生活却充满了悲剧色彩。他的童年是与年轻的表姐茜茜公主一起度过的。当他对表姐产生朦胧的好感时，表姐却嫁到了奥地利。尽管这段感情并没有得到表姐的回应，但表姐那美丽的倩影却刻在了年轻王子的记忆里。后来，王子继承了王位，并声称找到了一生的感情归属。但是，这段感情却以结婚前两天宣布取消婚礼的方式结束了。这次经历给国王带来了很大的创伤。从此，他就沉醉在了舞台剧的幻想中。

在众多的戏剧中，瓦格纳的剧本深深地打动了国王。于是，他打算在自己童年夏宫的对面，建造一座梦一般的白色童话城堡，为天鹅骑士这幕舞台剧塑造一个背景，让勇敢的天鹅骑士和美丽公主的动人故事能在那里上演。然而，城堡的建造花费太大了，还没有建完，巴伐利亚国王路德维希二世就被认为不适于统治而下台。离位后的国王很快就去世了。

从此，那座漂亮的、带着童话气息的城堡，就充满了漫长的等待。直到 20 世纪，人们才陆陆续续地完成了路德维希二世的梦想。

天鹅骑士的故事

阿丽萨和戈福瑞是安特卫普城中布拉班特大公的子女，布拉班特大公去世后，让阿丽萨的未婚夫弗雷德里希照顾自己的子女。一天，阿丽萨和戈福瑞一同去树林，回来时却只有阿丽萨一个人。弗雷德里希听从了邪恶的欧特鲁德的话，污蔑阿丽萨谋杀了弟弟，并请求国王处死阿丽萨。在危急时刻，阿丽萨的守护者天鹅骑士出现了，解救了阿丽萨，并与阿丽萨结为夫妻。但在成婚当晚，阿丽萨禁不住邪恶的欧特鲁德的诱惑，违背了与天鹅骑士的诺言，问起了天鹅骑士的来历。天鹅骑士只得按照圣杯的指示，离开阿丽萨，回到了天鹅城堡。

芬兰

Finland

· 自然与文明的两重奏

芬兰有着迥异的自然风光：波光闪耀的湖泊、繁星点缀的群岛、白色的原始旷野、独特的极昼与极夜、古老的石头城堡和教堂。芬兰人创造了古老与现代交融的文明：圣诞老人的故乡、桑拿的发源地、金属音乐的纯粹地带、繁忙的贸易港口、现代化的栖居地……这就是芬兰给世人演奏的——自然与文明的两重奏。

拉普兰 Lapland

传说中的白色天堂

雪花飘扬的拉普兰，是一处白色的天堂。白色，象征着纯洁。一望无垠的白色更能给人的身心带来强大的震撼。踏上拉普兰，就意味着可以体验白与红、冰与火的两重世界。而天堂里圣诞的快乐气氛，一度让成人发现未泯的童心。

拉普兰，是传说中雪的世界、白色的天堂。来到这里，莫不为它白雪皑皑、银装素裹的景致所迷恋。在这雪的世界里，一定要体验滑雪。拉普兰的滑雪场与天地融为一体，坐上雪橇让驯鹿或雪地狗拉着一路欢跑，雪中的欢笑声将穿透拉普兰的上空。而到下午3点，拉普兰已如沉沉夜晚，骏马带着你穿林而行，没有人迹，空气洁净，雪落在枝头，冻结成绒花一簇簇，风声、马蹄声及树枝偶尔的抖动声，如天籁之音。

正是因为拉普兰的美好与纯洁，圣诞老人才选择这里作为自己永远的故乡。1927年，芬兰的儿童故事大王玛尔库斯，在电台讲故事时说圣诞老人正是被拉普兰白

它的明丽与多彩就像一幅油画，它的安静与随意却像一幅大写意。

洁净的冰雪世界折射出它的纯洁和浪漫。

七八只狗拉着雪橇飞快地跑过拉普兰的每一寸洁净的肌肤，让你记住它每一片雪原的光彩。

雪的景致所迷恋，才决定和两万头驯鹿一起住在拉普兰的“耳朵山”上。因为拉普兰有“耳朵”，圣诞老人能在北极听到世界上所有孩子的心声。

拉普兰无处不留有圣诞老人的足迹，他的那些灵性而乖巧的驯鹿，早已成为拉普兰人生活中不可或缺的一部分了。漫长的寒冬之后，拉普兰人会在伊纳里湖举行赛鹿节。这与西班牙的斗牛有点相似，一些未经驯服的鹿时而跑得飞快，时而脚步缓慢，有时又会突然改变方向，使驾驶者冷不防失去平衡，重重地摔倒在冰面上。

拉普兰不单单有冰雪，还有着数不尽的湖泊、江河和溪流，由树林和沼泽相衔接。在这片蓝绿相间的拼图中，最辽阔最湛蓝的就是伊纳里湖。湖水清冽，松林片片，不时还有麋鹿、狼獾出没其间。

因为拉普兰有湖泊、冰雪独特的景致，所以桑拿成为这里的特色。在这里，你将体验世界上最酷的桑拿：从蒸房里出来直接跳入雪地的冰窟里，来回反复几次，那种舒畅前所未有。之后，大家靠在火炉边进餐，美味佳肴，浪漫情调从骨头里慢慢往外渗。

非常体验

拉普兰是浪漫主义者的最佳选择。飘雪天，一个围着红围巾的女孩仰着头，旋转再旋转。她肯定得到了圣诞老人的拥抱，寄出了明信片，接受了跨越极地的神圣仪式，蒸过桑拿浴，喝过甜甜奶汁，所以在拉普兰才这么幸福。

挪威

Norway

·万岛之国的无限风光

挪威素有万岛之国的美称，缠绵在万岛间的海岸线蜿蜒曲折。海水从不停止流动，即使狭窄如纤纤手指，也能从峡湾注入到山岳中，大小不一的瀑布在山间扑腾嬉戏着。挪威的无限风光，不止于雪山，不止于木制教堂，还有极地那不落的太阳和永不逝去的星光。

北角 North Cape

天之涯，海之角

永远到底有多远，大概能有不落的太阳、不灭的星光就够永远了。天涯海角的追寻也可以到此停止。

沉浸于爱情中的情侣们爱寻找永远，希求永远。永远到底有多远，北角会告诉你，天之涯，海之角，就止于此。永远就停留在这里，安静地等你来。

北角在一个角落独自突兀出来，似乎是多余的地方。其实不然，据说，1553年，一位英国船长理查德，带领船队绕过欧洲最北端时，将这一雄伟壮丽的海角命名为“北角”。“尽头”总会让人感到凄美和绝望，而北角带来的却是神秘的遐想和无限的憧憬。远远地，就看到北角这块花岗岩，从悬崖边翘出307米，像利剑一样伸向北部。几百年来，这块古老的岩石还是渔民、商人和海盗的航海标志。岩石上矗立着一座几人高的镂空地球仪雕塑，这就是北角的地标。

凡到此者，都会冲上地球仪的底座，留下一张豪迈的照片。透过镂空的地球仪雕塑，望着那不落的太阳，有一种特别的穿越感。到达宽阔的观景台，真正海天一色的奇景尽收眼底，周围是几近垂直的悬崖，下面是壮阔的北极海。观景台入口处有一座彩色石块堆成的四方台，上端

极地冰雪中可爱的精灵。

到这里的人，谁能不想成为它的主人，靠打渔为生，生儿育女？

在这样的冰雪天地里极目远望，再远的地方还是见不到边的海洋，那才是真正的辽阔。

立着指向北方的箭头，箭杆上标明了北角的纬度——N71° 10'21"，提醒你已进入北极圈以北的极地了，我们的脚步踱到了世界的尽头。而我们的生命要在这尽头寻觅更繁茂的希望。

对永远有着偏执念头的人，对欧洲的最北端，世界的尽头更是充满了期待。这里永远有两种颜色，一种是太阳的颜色，一种是星光的颜色。在夏天，感受海水与山头间那不落的太阳，被阳光染成一片橙黄的海水，所有的似乎就永远了。太阳没有了休息日，我们也停止了对时间流失的概念，永远都是白天，我们永远都停留在最美的一刻。在冬天，感受夜晚黑幕之顶的星光与罕见的或红或绿的极光，那种炫舞与灵动，永远弥足珍贵。

但永远也有不让人满意的地方，北角位于挪威的马格尔岛上，是一块位于直插北冰洋的悬崖之上的高地。由于恶劣的极地气候，北角没有常住人口，一般去北角的人都会选择乘飞机或自驾车到距离北角最近的小镇霍宁斯沃格落脚。小镇只有两条街道，几乎看不到行人，宁静但不荒凉。

永远不会让人做过多的停留。永远的时刻，永远的所有，有时候也很短很短。即使到北角，我们也无法驻守。

峡湾

Fiords

湾 湾 入 仙 境

在悬崖与流水的相拥中，在沉重与轻巧的对峙中，在狭窄与广阔的转换中，在天蓝与水绿的呼应中，在半空的瀑布和低矮的植被的夹层中，挪威那众多的峡湾，每一湾都将人带入仙境。

挪威的峡湾，曲曲折折中，总能给人带来更多的柳暗花明，让人深陷于美景对身心的震撼之中。从北部的瓦伦格峡湾到南部深奥的奥斯陆峡湾为止，一个接一个，这无穷尽的曲折峡湾和无数的冰河遗迹所构成的壮阔精彩的峡湾风光是狂野而宁静的挪威灵魂，使得挪威不负“峡湾国家”的称号。

航行在峡湾中，每到一处都能被新鲜的感觉所捕获。在众多的峡湾中，长204千米、深1308米的松娜峡湾是世界最长、最深的峡湾，是举世无双的景观。选择一个春天静谧的早晨，航行在平如镜面的松娜峡湾上，远处“七姐妹峰”上还覆盖着皑皑白雪，另一边的弗利亚瀑布倾泻而下，感觉真是恍如仙境。两岸山高谷深，谷底山坡陡峭，垂直上长，直到海拔1500米的峰顶。置身其中，感觉渺小之余又觉人生荒诞无比。

与山高谷深的峡湾不同，在盖伦格峡湾，能仰望罗姆斯达尔山谷的“山妖阶梯”，经历惊心动魄。在这里还可以站立于万年冰川——尤斯拉达尔冰川上，这都将是毕生难忘。这种浓烈的奇异风光，让我们的内心瞬间紧张起来，我们如何才能穿越这些时光？不能，怎么也不能，永远都不能。

峡湾中依山而建的色彩亮丽的小楼总是那样亲切。

西部峡湾中梦幻一般的奥登村。

有时候，你不得不赞叹这种布局，或者说这种安排的巧妙。

还是让心情舒缓一些，去感受一下哈当厄尔峡湾的春暖花开。峡湾两岸山坡上鲜花盛开，缤纷烂漫。平静的水面上，山影、树影、雪峰影重重叠叠。微风轻轻抚去，好像三者真的能晃动起来一样。在夏季，还能在峡湾附近的山上进行滑雪运动，阳光照在山顶，感受非同一般。

挪威的峡湾真是各有千秋，还有一处带有祭祀意味的峡湾——里瑟峡湾。在里瑟峡湾，耸立着一片24平方米的片麻岩平地，这片平地被认为是史前时代古挪威人祭祀的场所，人称“布道坛”。巨石自海平面拔地而起，海拔高达600米，石顶可容几百人。夏天，很多人都赶到这里来观海、晒太阳。在巨石上望去，河水在突兀的峭壁和巍峨的群山之间蜿蜒流淌不止。站在巨岩之上，感觉自己犹如飘浮在空中，能强烈地感受到大自然雄劲的活力。

这绵延的峡湾里，每一处似乎都是一样：河水切过幽深的峡谷，瀑布由陡峭的山边奔泻而下，终年积雪的皑皑山峰，以及懒洋洋卧在倾斜山坡上的山地农庄。在山脚下，还可欣赏到峡湾小镇的自然美景，没有风的时候，四周的山峦、树林、小屋甚至是浮在水面的小游艇都倒映在水里，令人分辨不出真假。但每处又不同，就如同每个仙女都有着不同的美丽容颜，对于每一个，你都想亲密接触，都想携她在身旁。

丹麦

Denmark

· 贵族的后现代气质

这个位于欧洲大陆西北端、东靠波罗的海、西濒北海的国家，在我们的印象中，它代表一望无际的冰雪世界，代表迷人的峡湾和美幻的日落……同时，我们还会想起它的哥本哈根，以及那里富于艺术气质的情调、它的童话和童话之城。

哥本哈根 Copenhagen

波罗的海岸的美人鱼

哥本哈根，聚集着充满童话气息的古堡、皇宫、乡村与庄园。它是一座集古典、现代于一体的城市，充满休闲、激情与艺术的气息。

哥本哈根，散落着的阿美琳堡，有着浓郁的贵族血统，在这种优雅和尊贵之外，哥本哈根的步行街上，你还可在神牛喷泉旁边定格，亲密接触美人鱼，童话里的美丽在这里体现得淋漓尽致。

沉淀着古老历史的旧皇宫、延续着皇族传奇的阿美琳堡宫，比邻坐落在这个城市中，使哥本哈根显得非一般的古色古香。在许多古建筑物中，最有代表性的是一些古老的宫堡。坐落在市中心的克里斯蒂安堡年代最为久远。哥本哈根艺术气息浓郁，有阿肯艺术中心、路易斯安娜博物馆、国家博物馆、丹麦国家美术馆等众多艺术博物馆。不管是古老的古典艺术，还是缤纷的现代艺术，都能在这里得到丰富的展示。

在皇族的气质下，哥本哈根的娱乐氛围也很浓重。丹麦著名的游乐园蒂沃利公园，有“童话之城”之称。远处看，公园的正门颇似一座碉堡。园内建筑物与自然景物错落有致地分布着，使整个公园兼有天然与人工之美。花卉展览是公园的一大特色，花展以种植在园地里的花簇组成五彩缤纷的图案来吸引观众。这里的水景更是令人叹为观止，水面上不仅有雕塑、喷泉，还有花舟游弋，水鸟

安徒生铜像

哥本哈根典雅的街道始终一派安宁。

翻飞。当夜幕降临，园内灯光灿烂、闪烁生辉，整个游乐园既像是在黑幕上画出的一幅大笔素描，又似一个玻璃的世界。树枝上的彩灯大小不一、明暗有致，衬托出通幽曲径、树影婆娑。水边的灯饰图案各有不同，色彩各异，在不同的水面上经过巧妙的安排和艺术的穿插，有如镜花水月，给人以朦胧之感。在此你既可在狂欢节中尽情疯狂，也可以安逸地靠着树木大吃自带的热狗；可以痛快地在花园里喝新鲜啤酒，也可坐在餐厅里优雅用餐；可以欣赏一场音乐会，也可在花开季节去公园里享受数万朵鲜花的甜美气息。尽管充斥着前卫而疯狂的机动游戏，蒂沃利却始终被一种恬静的气氛所笼罩。

这巨大的风车好像哥本哈根的另一种性格。

长堤公园内的美人鱼像可以说是哥本哈根的地标和象征。她静静地坐在港口岸边，神情忧伤，默默思念着她爱恋的王子，还有深海底下她的王国与亲人。看着美人鱼哀伤的样子，真是惹人怜惜。海风中，凝望着她一生的守候，备觉凄凉，但愿世界上少一些美人鱼这样的爱情故事。

“五月晴光照太清，四郎岛上话牛耕；樱花吐艳梨花素，泉水喷去海水平。湾畔人鱼疑入梦，馆中雕塑浑如生；北欧风物今观遍，民情最美数丹京。”郭沫若在游遍北欧诸国之后曾经写下这样一首赞美哥本哈根的诗。虽寥寥数语，却道出了哥本哈根的阳光明媚与春暖花开。

匈牙利

Hungary

· 美的狂想曲

多瑙河的流动，巴拉顿湖的宁静，大平原的无边无际……点滴中不经意间，美的狂想曲在匈牙利每个角落欢悦而起。这一切都带有浪漫的气质，带有明快的节奏。这些，给你的都是一种发自内心的惊喜、欢快。

布达佩斯 Budapest

多瑙河畔的姊妹花

布达佩斯，被静静流淌着的蓝色多瑙河分割为两朵姊妹花，彼此在对岸凝望。但这种凝望又因为9座大桥而遥相呼应。但是布达佩斯的忧郁、刚烈、淳朴和浪漫，渗透在每个街角、每块石板、每个人的面容，清淡悠闲，带着草原和树林的芬芳。

傍晚的多瑙河静静流淌，两岸波光鳞动，雄鹰雕塑盘踞在夜色的桥头。布达佩斯的美凝结在淡淡的平凡之中，街边略显黯淡的建筑，竟如此巧夺天工。叮当而过的老式有轨电车、年代久远的城堡和教堂，一切都在暗示这是一座适合怀旧和遭遇浪漫的城市。即使在最喧闹的街头，时间的逝去也不过像多瑙河上静静的游轮，缓缓留下几道淡淡的水痕。

昔日帝国的黄金时代一去不返，没有现代化的喧嚣，没有工业废气。若是天气好，午后阳光透过古典建筑斜角，散发着浓重的人文气息。布达佩斯街头建筑是如此的纷繁复杂，哥特式、文艺复兴风格、巴洛克风格、东方式的洋葱头……任何一栋都足以见证一个民族悲欢交融的历史。在布达佩斯的英雄广场上，中央耸立着36米高的柱形千年纪念碑，雄浑高大。而佩斯区的国会大厦则又是一种西式风韵，豪华尽显。

最不能错过的就是马加什教堂，造型别具匠心，被大文豪雨果形容为“石头的交响曲”。马加什教堂抛弃了哥特式风格建筑的对称结构，将钟楼建在教堂的一角，使整个教堂少了一分凝重，多了几分生动。

与这种人文精神不同，闻名遐迩的渔人堡更是布达佩斯情侣们谈情说爱的最佳去处。亮丽的拱廊、柔和的尖塔、精美的雕像，优雅、古朴、和谐、壮观，堪称石砌艺术宝库中的一朵奇葩。整个建筑分上下两层、南北两个部分：底层是游廊，由漂亮的拱门洞连接，四环曲折，缀以雕饰；上层像城墙顶部，有女儿墙遮护，七座锥形塔分布其中，起伏跌宕。七座尖顶圆塔象征着最早西迁过来的七个部落。在渔人堡堡顶，凭栏远眺，布达佩斯的妖娆风光，尽收眼底：天上人间好似一幅特大型的恢弘画卷。凝眸注视，仿佛是荷兰的阿姆斯特丹，又好似奥地利的维也纳，更如一幅欧式的《清明上河图》。你瞧，佩斯城里的酒店、宾馆、别墅、教堂、纪念碑、博物馆等建筑物层层叠叠、鳞次栉比；巍峨壮丽、耀眼夺目的国会大厦，在阳光的照射下熠熠生辉；远处的天边则是一望无垠的匈牙利大平原。

美酒加咖啡

到了布达佩斯，是一定要品尝美酒加咖啡的。匈牙利出产上乘葡萄酒，最出名的就是被誉为酒中之王的托卡伊“奥苏”和艾格尔“公牛血”。托卡伊“奥苏”味甜，通常作为点心酒。布达佩斯还有着“咖啡城”的称号。在布达佩斯的大街小巷，可以看到风格各异的咖啡厅，你可以在那里尽情享受美好时光。

瓦茨大街是布达佩斯最有时尚氛围和观景乐趣的街区。它是一条有着200多年历史的步行街，被称为“步行者的天堂”。它与美丽的多瑙河相邻，寸土寸金，繁华之中又独具特色。瓦茨街并不宽敞，但两旁商店林立，尽显布达佩斯的雍容华贵。

布达佩斯的国会大厦。

奥地利

Austria · 一路高歌

奥地利金色的音乐一向令人销魂，然而它一座座位于延绵的阿尔卑斯山怀抱的小屋舍，一栋栋依偎蓝色多瑙河的现代高楼，也同样会让你一见便永难释怀……

萨尔茨堡 Salzburg

音　乐　之　旅

萨尔茨堡是个巴洛克式的城市，是建筑史上的一颗明珠，独具魅力。同时，它又是音乐艺术中心，与音乐有着不解之缘：曾是电影《音乐之声》的拍摄地，也是莫扎特的出生地。所以，来到萨尔茨堡，就是一次音乐之旅。

白雪皑皑的阿尔卑斯脚下，巴洛克式的建筑，音乐家莫扎特的故乡、美国电影《音乐之声》的拍摄地，一个令人魂牵梦绕的地方——萨尔茨堡坐落在阿尔卑斯山北麓、多瑙河支流萨尔赫察河畔，是一个有着传奇历史和迷人风情的古老山城。

萨尔茨堡城内巴洛克式风格的建筑具有独特的魅力。萨尔茨堡有着众多城堡和宫殿，赫恩萨尔茨堡坐落在城市内的山丘上，是萨尔茨堡的地标，是中欧现存最大的要塞。历经 900 多年风雨，仍巍峨挺拔地耸立在旧市区 100 多米高的丘陵上。从远处望去，山顶上的赫恩萨尔茨堡白色耀眼，神秘诱人。

萨尔茨堡境内阿尔卑斯山上的小屋。

❖这一派静谧犹如一曲中世纪的音乐。

❖你也可以来这里享受天然滑雪的乐趣。

在赫恩萨尔茨堡对面的，则是米拉贝尔宫殿和花园。米拉贝尔花园是大主教沃尔夫·迪特里希为他的情人建造的。米拉贝尔花园是一处巴洛克风格的花园，花园中央是一座大型喷泉，四周的雕像都是希腊神话中的人物。在这座美丽的花园中，人可以想象到这样的情景，白雪皑皑的阿尔卑斯山下，如茵的山坡上，女教师带着孩子们，唱歌、雀跃、奔跑，一曲《多来咪》在山谷中回响。

奥地利音乐古城萨尔茨堡的一座宫邸花园，俗称水晶宫，以喷泉和水戏而闻名。这座原是萨尔茨堡红衣主教的私人宫邸花园，建筑别具匠心，既有欧洲传统的园林风格，又有类似中国园林以小见大的特点，让你突然不知身在何方。园内绿树成荫，流水涓涓。道路两旁都有暗道水管不时喷射，水花飞溅，雨帘雾障，有种神秘莫测的气氛。花园内，在一个玲珑假山上，还可以听到不同的鸟鸣。

萨尔茨堡拥有众多的剧院、音乐厅、电影院和博物馆等。在欧洲文艺复兴时期，萨尔茨堡已是一个音乐艺术文化中心，山清水秀，人杰地灵，也许这些都是因为这里曾出过一位天才音乐家莫扎特。

当然，萨尔茨堡还有卡拉扬，它也是萨尔茨堡的古老风情，同样可以陪你穿梭在萨尔茨堡的大街小巷。

萨尔茨堡音乐节

来萨尔茨堡听一场震撼人心的音乐会。萨尔茨堡音乐节自从1920年以来每年夏天举行，与之相应的还有著名指挥家赫伯特·冯·卡拉扬在1967年创办的复活节音乐节。在音乐之都，音乐节之时，聆听经典名曲，乃是一种极大地享受。

在梦幻般蓝色的维也纳，金色的雕像只属于音乐。

维也纳 Vienna

音乐装饰的圣堂

维也纳几乎一天也离不开音乐。它是一座用音乐装饰起来的城市，同时，由于它是欧洲古典音乐的摇篮，维也纳更是音乐的圣堂。维也纳每个角落、每片天空都弥漫着动人的旋律。

初识维也纳，会发现它的典雅和美丽。它是一个花园城市，置身于阿尔卑斯山北麓的多瑙河畔，山水穿越；四周环绕着浓密的维也纳森林，树木绵延；南面更有深幽的山谷，山谷通幽。维也纳的古街道，纵横交错，多有巴洛克式、哥特式和罗马式建筑。中世纪的圣斯特凡大教堂和双塔教堂的尖顶，直抵天空。从美泉宫到国立歌剧院，从维也纳童声合唱团到西班牙骑术学校，到处都是一片往日奥匈帝国的京城景象。

但是，到了“音乐之都”维也纳，就意味着耳朵的使用频率和深度体验多于其他的感官。在漫步时，随时可以听到那优雅轻

快的华尔兹圆舞曲。夏天的夜晚，公园里还会举行露天音乐演奏会，悠扬的乐声掺和着花草的芬芳，在晚风中飘逸、回荡。维也纳的许多家庭有着室内演奏的传统，尤其在合家欢乐的时候，总要演奏一番，优美的旋律传遍街头巷尾。徜徉在这里，可以尽情地想象海顿、莫扎特、贝多芬、舒伯特、施特劳斯等是怎样地生活在这里，又如何在维也纳捕捉灵感。

在维也纳，歌剧院、音乐厅星罗棋布，其中以维也纳国家歌剧院最为著名，被称为“世界歌剧中心”。它造型美观大方，色彩和谐，本身就是一件完美的艺术品。被称为“金色大厅”的音乐之友协会大厦，更是装饰精美、金碧辉煌。远远就能看到那16尊大理石雕刻的音乐女神像树立在正厅两边的金色墙壁前。大厅顶上金色镂花梁柱间，画着音乐女神的彩像。在巨大的吊灯照耀下，整个大厅都金光闪闪，华丽无比。

维也纳，还有一处音乐家集聚的地方——圣麦斯公墓。公墓地面宽广，中间是中央名人公墓，树木葱茏，气势显赫。这里纵横交错地排列着许多大理石墓，维也纳许多著名音乐家就安葬在此，贝多芬、舒伯特、海顿、施特劳斯……

守着这样一座城，坐落在阿尔卑斯山北麓一个山清水秀、风景如画的小盆地里，有波光粼粼的多瑙河穿城而过。随时都可以在歌剧院、音乐厅进行一场听觉的盛宴，在这样的地方，即使忧伤也是欢快，就好比艺术即使忧伤也是舒服的。

避暑离宫

哈布斯堡王室的避暑离宫，又称“美泉宫”，由玛丽娅·特蕾西亚女王下令在此修建。美泉宫气势磅礴，有如巴洛克式花园，优雅别致，其华美可以与法国凡尔赛宫相比。

位于维也纳的霍夫堡皇室如同许多维也纳建筑，本身就是一曲优美的音乐。

荷兰

Netherlands

·美丽花园

眼前的一切，赋予了生命更加艳丽的想象空间——这是世界上最美丽的乡村，一座座风车静静地树立在地平线上，碧绿的田野、湛蓝的天空、娇艳欲滴的鲜花，一如孩提时代梦境中的童话世界，却又如此清晰而真实。别样风情的荷兰，就这样，让人们从此停下不断追寻的脚步。

马肯 Marken

荷兰的美丽意外

如果人生可以用童话来演绎，那么在马肯，你可能就是长鼻子的匹诺曹了！这里没有旅馆，游客稀疏，然而，就在抬头对视的瞬间，你会被岛民们阳光般的微笑所醉倒，就像喝了当地的Am-stel啤酒，身心都充溢着快乐的“麦香”……

荷兰这个昔日的海上帝国，为人们编织各种绮丽梦境的同时，更给了人们一个精美绝伦的意外。直到上个世纪，我们才收获了这场意外：时间有两种状态，要么比心跳还快，要么比“马肯”还慢。

距离阿姆斯特丹北边不远，有这样一个地方，它是一座美丽富饶的小渔村，有暖色调的长条子路砖、精致的白色蕾丝窗帘、色彩斑斓的小屋子整齐划一，鸟儿们停落在街头咖啡厅的餐桌上，闲适地享受着美味的营养早餐。这里就是马肯，在这里，时间仿佛都停止了。

据说，这最具荷兰风情的小渔村，原与大陆相连，13世纪海水上升使其成了孤岛。19世纪，淳朴而勤劳的荷兰人为发展捕鱼业而加大了马肯的规模，直到1959年，还只能从水路进入，后来又修建了海堤，人们才真正收获了马肯。

沿着海岸线有一条静静的青砖小路，

温顺的绵羊就像彬彬有礼的迎宾者。

左边是触手可及的蔚蓝大海，右边是开满油菜花的嫩绿田野。

只有生活在童话中的人，才会有最快乐的笑容。在马肯，岛民们早已为你准备好这样的微笑，来份牛排吧，美滋滋的味道沁人心腑，或者来份海鲜三明治？拿着硬币的时候不准先流口水！

每逢星期日，马肯又是另外一番景象。老一辈们身着上堂时穿的传统服饰，颇为讲究；女人们则戴着无边软帽，上着绣花衬衫、棉质小背心，下穿黑色百褶裙，腹部再配一条绣工精致的紧身腰带，传统而又不失高贵；再看男士，穿着宽松的罩衫和黑长裤，配起一条红色腰带，好不抢眼。

村民们真的是爱极了童话，恨不得把整座小岛都铺成童话剧的背景。他们精工于手工艺，家族标志和迎客牌一个比一个漂亮，就连普通的原木，都可以雕刻成形象丰富的院中风景。除此之外，在马肯，时刻都可以看到人与自然的和谐统一：奶牛在村头悠闲地踱步；猎犬伸出舌头跟每一位路人打着招呼；鸭子兴奋地摆动着身体到处串门问好……

回望整条海岸线，迟迟不愿离开。这里是马肯，这里是荷兰最美丽的意外。

如果可以选择，希望能有这样一个地方，着实地体验、丰盈地生活。并不是所有的相遇都能同行，而在马肯，我们与时间相随，与童话相遇，与快乐相知。再一次深呼吸，让小岛的味道从此融入身心，滋养每根神经、每处记忆。

幽静的小园子里，牵牛花和爬山虎贴耳分享秘密；墙壁上青苔慵懒地乘凉；橘、红、蓝、绿爬满房舍，一切的一切，宁静优美，充满童话色彩……

从这里最能看出的是时间的质感。

风车 Windmill

孩提时代的梦境

荷兰坐落在地球的西风带，一年四季吹着西风，加之典型的海洋性气候，虽然缺乏水力，风力却成为了上天赐予它的最优厚的补偿。荷兰的风车就好像是人鱼动人的歌声，在时光的荏苒中，生生不息。

从前，欧洲流传着这样一句话："上帝创造了人，荷兰风车创造了陆地。"的确，如果没有这些高高耸立的风车，荷兰就无法从大海中取得近乎国土1/3的土地，奶酪和郁金香的芳香也就无从谈起……在过去的200多年中，几万座风车如巧手匠人一般把荷兰打造得愈加美丽、富饶。

荷兰人感念他们的"功臣"，虽然高科技取代了风车的功用，可是余下的千座风车却作为新兴环保能源沿用至今，不仅如此，每年5月的第二个星期六，乐观而淳朴的荷兰人民欢天喜地地转起千座风车，迎接来自世界各地的客人。这一天，便是荷兰著名的"风车日"。

暮色里，它们像守卫这方土地的坚定的勇士。

初春的晨曦中，天空有些雾气，阳光穿透厚重的云层，将雾气一点点驱散。"童堤镇"的19座风车矗立在这片辽阔的平原上，从1740年到现在，始终微笑地矗立着，迎风旋转，凝聚了人们全部的梦幻、诗情与遐想，一如梦中的童年。

而道路两旁则是一幢

如今，高科技的风力涡轮机在荷兰已比比皆是，它们是荷兰风车王国中的新成员。

幢色彩别致的小别墅，别致而韵味十足，小路右边是农舍，左边有着一大片芦苇和灿烂的油菜花，芦苇迎风招展，油菜花花香四溢。

走在荷兰的乡间田野，你会深切地感受到什么是“风景如画，人在画中”。蓝天白云下，三五成群的奶牛和绵羊在无边的草地上闲散地吃草，一条小路通向不远处的风车，它们延续着荷兰悠久的历史与文化，在广袤的原野里与时光一同向前。

走近风车，你会惊愕地发现，它们的身形从未斑驳。似乎它们的生命中，凝聚着人们全部的爱与关怀。叶片呼呼嗡嗡转动的声音不时萦绕耳际，把人们带入另一个世界。爬上陡陡的木梯，风车内部有些漆黑。昏暗的光线中，转轴与粗粗的麻绳以其特有的方式表达着它们历经时间洗礼后的沉着与稳健。

徘徊在童堤镇的路上，阳光煦暖，柔和的风拂过脸颊，空气中充满了泥土和青草的气息。回眸远眺，那古朴的风车正在阳光下悠闲地转动。

也许，正是因为在这样美丽的世界里，奥黛丽赫本才能成为“坠入凡间的精灵”；也许，正是由于在这样美丽的土地上，梵高才会停下脚步，拿起画笔……

葡萄牙

Portugal

·沧桑后的静谧

一个帝国的衰败，为历史涂满凝重的色彩。葡萄牙，虽然有着战乱频发的过去，却在几经风霜之后显出了它独特的韵味。那种沐浴沧桑之后的美感，犹如断臂的维纳斯，令人赞叹。

辛特拉 Sintra

唯美主义者的避难所

手持拜伦的诗集，带着简单的行李。世界之大，总会有一些地方，让唯美主义者停靠。

在葡萄牙，没有人不知道辛特拉镇。它曾是摩尔贵族与葡萄牙王室的夏宫所在地，之后又成了云集欧洲浪漫主义建筑的特别场所，在19世纪以后，几乎无人不知，无人不晓。辛特拉王宫的高贵典雅、佩纳王宫的一反常态、罗卡角的缠绵悠远……小镇的一切，似乎都在营造一种氛围，而这种氛围，为世上所有的唯美主义者提供了一个特别的“避难所”，它瑰丽、富饶、隐蔽且充满魅力。

辛特拉王宫的中心部分由14世纪的约翰一世正式建立，直到16世纪才正式完工。步入辛特拉王宫，为那种唯美的气息所深深折服。穿过御膳房，经过一间小寝室，一座精致而优雅的小教堂呈现在眼前。它有着漂亮的木制顶棚，顶棚上装饰着各式花纹以及姿态万千的鸽子图

这样隆重装饰的建筑即便没有故事，人们也愿意想象它背后的故事。

◈在与这样的美景凝神对视之时，内心的澎湃，又该如何藏起？

◈从东方开始，跨越半个地球，我们可以避开尘世的喧哗，来到辛特拉，来到世界的尽头。

案。穿过华丽的徽章殿，目光就此停留在喜鹊殿，殿内壁画中的喜鹊，简直比宫廷的贵妇还要多。相传，约翰一世曾经抱着一只喜鹊，喜鹊嘴里叼着徽章。王后问他喜鹊的意义，约翰一世认真地回答：为了幸福。有幸福就有荣誉。最后一座殿堂是国王殿，在殿堂的顶棚，精致地画着天鹅脖子上倒挂着的花冠。

距离辛特拉不到 3 千米的地方，一座庞然大物高傲地伫立——佩纳王宫。它建造于 19 世纪，凝聚着葡萄牙女王玛丽雅二世的丈夫费迪南德的全部心血。远远望去，它显得异常耀眼，哥特式、文艺复兴式、摩尔式、曼努埃尔式建筑风格兼具其中，使其成为一个倨傲而异类的大花园。王宫与一条长长的尖顶拱廊隧道紧密相连，穿越隧道便可以到达佩纳王宫的内部餐厅。有人说，这种一反常态的建筑风格便是辛特拉风格，无数文人墨客曾穿越这里，留下万千感慨。

罗卡角位于欧洲大陆的最西端，在这里，你能看到天的尽头。天空很蓝，纯净通透；海水很清，澄澈如镜。沐浴着灿烂的阳光，涤荡着清新的海风，面前，就是罗卡角。罗卡角是辛特拉山脉延伸至大西洋岸边的一块坡地，靠海那一侧有一座用岩石垒起、高约 10 米的柱子。柱子上面立着十字架，它时刻保佑着远行航海者的平安；柱子下侧则镶嵌着洁白的大理石，碑身雕刻着葡萄牙诗人卡蒙斯的诗句：陆止于此，海始于斯。

瑞士

Switzerland ·绝美梦境

瑞士是一个风光旖旎的国度，有着清新宁静的田园风光。尤其冬天的瑞士，阳光、积雪、冰川让它明朗；白雪掩映的村舍、古堡、教堂让它温馨；滑板、雪橇、赏雪看冰让它快乐。身在其中，你会发现追寻幸福是那么容易。

苏黎世 Zurich

迷恋爱情的安静之所

瑞士有那么多美丽的湖泊、巍峨的雪山，却把所有水的柔媚、雪的清澈，尽数给了这神话中遍布黄金的小城——苏黎世。苏黎世作为世界上繁华的城市之一，湖畔绿树极为自然典雅，建筑和雕塑极富艺术气息，无论是谁，都可以和悠闲的天鹅一起享受苏黎世的美景。

苏黎世，在克里特语里的意思是“水乡”，昔日是罗马皇帝的小小关卡，曾是手艺人和雇佣军组成的小城镇，如今成了瑞士最大的城市，成了吸引全世界亿万富翁们流连定居的天堂。虽说已经是瑞士最大的城市，但对于来自中国的旅者来说，苏黎世的小巧玲珑可真是让人称心。在这里可以徒步在苏黎世颜色如薰衣草一般的夜空下，在幽长而曲折的古老街道上，慢慢游玩利马特河的两岸。

格罗斯大教堂是河畔最醒目的建筑了，老远就可以看见它那标志性的两个塔楼。作为瑞士境内 11 世纪至 12 世纪建筑的罗马教堂中规模最大者，格罗斯大教堂以及它那双塔建筑已经成了苏黎世的象征。在格罗斯教堂东面不远处，就是市立美术馆，外观非常普通，暗红色砖砌成的房子有三层楼高，使它闻名遐迩的是门口那气势夺人的雕塑——罗丹的“地狱之门”。

利马特河上美丽的彩虹。

幸福其实很简单——和所爱的人一路风雨地走来，不舍不弃。

矗立在河边的苏黎世城。

在苏黎世，最让人痴迷的是它的老城区，所谓老城区是沿利马特河缓缓铺展开来的。老城区的道路，是用光滑平整的鹅卵石铺就的，不知已经承受了多少个世纪的风雨磨砺，满是岁月的斑驳痕迹。街道不算开阔，弯曲周折中，别有一番探幽的情致。不得不造访一下的是老城区里的圣母教堂，又叫弗洛穆斯特教堂。这座哥特式的建筑建于13世纪，最早的时候是个女修道院，以它的壁画和玻璃彩绘蜚声于外。

苏黎世的建筑物按照规定都不能修得太高，沿街可见的楼房都精致小巧，尽管苏黎世的富翁数以万计，但并没有太多华宅大屋，晨光下每幢房屋周围都种植着美丽蓬勃的花草，墙壁多是深灰或者粉白色，有些老房子四壁还攀爬着苍翠的藤类植物。在老城区里，时常可以看见那种著名的凸窗，被当地人称做艾尔卡，是一种类似于阳台的建筑，每户艾尔卡的装饰风格和布置都巧尽心思、各不相同，体现着房屋主人的生活情趣和审美品位。

有一个说法，曾经有人飞越半个地球，只为了班霍夫大街上一个下午的购物时间。班霍夫大街从火车站一直延伸到苏黎世河畔，全长1.4千米，还包括主街道两旁伸开的许多岔道，是苏黎世，恐怕也是全世界数得上的最华丽奢靡的地段。街道两边世界顶级名牌商店林立，所有你可以想象的奢侈品在这里都可以买到，一路都是你吃不消的视觉盛宴，是莫名的感触……

这对悠闲的黑天鹅，是一幅画，是一对恋人，更是一首优美的曲子。

莱蒙湖 Lemon Lake

蓝色的馈赠

我们留恋于人世的繁华，就像那些雾气留恋于水的温暖。翻动照片的时候，猛然发现，在幻想与胶片交接的地方，除了莱蒙的岸，便是一页页静止的湖面。

法国人说：莱蒙湖是天庭不小心落下的一颗珍珠。在过去的10多个世纪中，莱蒙湖的恩泽滋养了它附近的所有地方，使它们充满了灵动的气息。

春日的开端，踏着莱蒙湖岸的阳光一路游走。湖边轻轻的风吹，二人世界的甜蜜午餐，两杯香浓的咖啡，牵着手在岸边散步，为她披上温暖的羊毛披肩。水声轻轻，耳语轻轻……莱蒙湖是爱情的同义词。巴尔扎克如是说。

莱蒙湖，从淡淡的绿到深邃的蓝，即使没有亲手触摸，隔着窗子时已经让人心生期盼。每逢春日，湖面上巨高无比的喷泉，以及城市周围环绕着的阿尔卑斯群山，一切的一切，着实美不胜收。

这孤单的尖顶小屋并不孤单，她有白云为伴。

在湖边漫步，看到湖面安详游弋的天鹅，时而埋头梳理洁白的羽翼，时而轻快地徜徉戏水，为莱蒙湖平添着生命的朝气。湖面上空有飞翔的白鸟，不远的岸边，有数不尽的沿岸停泊的游艇。虽是一片片的白，却不显得繁冗。日内瓦当地的居民早已经习惯了这样平静安逸的日子，每逢空闲，他们便来到湖边，看看远方，喂喂海鸟，似乎是因为脚下的这片土地，寄予了他们全部的梦想。

如果来到莱蒙湖，一定记得要乘一乘那些色彩斑斓的帆船和渡船。从船里看世界，世界又会变成另外一个样子。抬起头，也许会看到，帆船的桅杆上正停泊着一只白鸟，它正在落日的余晖中，与人们一同享受着莱蒙湖最为壮观的一刻时光：日落时的莱蒙湖，祥和的城镇，幽静的岸。

无暇顾及夕阳是在什么时候悄然隐去的。虽然整个天空布满了血的殷红与土的深棕，却依然未能影响到湖面的颜色——彻头彻尾、纯粹的蓝。天与地和谐地统一着，夕阳与湖面和谐地美丽着。湖水澄澈明净，仿佛进入另外一个通透明晰的世界。伴随着光的变化，所有的色彩不再挣扎，逐渐渗透、融合，从此终极。在那一刻，时间静止，那一瞬间，世界仿佛消失了。

下一场雪，湖边就只有三三两两的野鸭，或是其他什么不知名的鸟。

月季花墙下的温馨与浪漫。

夜幕降临，蓝色就此隐匿。岸边街灯闪烁。静谧的夜，悄悄地沉醉于城市的温暖。微风粼粼的湖面为了迎接第二天的阳光，早已陷入深沉的睡眠。

莱蒙湖是一个特别的地方，它低调、神秘，像掩面的吉卜赛女郎。即使如此，你还是会看到她美丽的瞳孔，那里，有着不为人知的另一个世界。

瑞士是掩盖财富的乐土，而莱蒙湖，便是空气中的一粒金色尘埃，不分时间与空间，在这片乐土之上，自由地舞蹈，自由地呼吸。

在阿尔卑斯山绵延的雪峰的掩映下，少女峰的春意更是浓郁。

少女峰 Jungfrau

婀娜多姿的天使之地

有人曾说：一次少女峰之旅，就是一场阿尔卑斯山四季之美的视觉盛宴。原来，大自然把最美好的东西给予了阿尔卑斯山，而阿尔卑斯山，又把最美好的东西留给了少女峰。

在瑞士，有一则古老的美丽传说。传说天使来到凡间，在一座美丽的山谷里居住下来，并且为它铺上了无尽的鲜花和森林，镶嵌了银光闪烁的珠链，还为它许愿说："从现在起，人们都会来亲近你，赞美你，并爱上你。"这座使天使都心醉的山，就是瑞士少女峰，是来瑞士最不应错过的地方。

在瑞士的群山中，少女峰是最受欢迎的一座山峰，她宛若一位亭亭玉立的少女，终年不化的积雪犹如她雪白的长裙，更使她在众多山峰中独树一帜。为此，她还拥有"欧洲之巅"的美名。站在少女峰山顶可以看到阿尔卑斯山的全景图，甚至还能看到瑞士、法国交界处的汝拉山脉。在晴朗的天气，这幅神奇的全景图还把远在法国境内的浮日山脉及远在德国境内的黑森林也都囊括在内，如此壮观的景色，总是让人感叹万千，那么，站在这里的蜜月情侣们，又会有些什么感叹呢？

阿尔卑斯山脚下的小镇。

少女峰上的四季像是新娘的妆容，把少女峰的妩媚丰姿、多愁善感恰到好处地表现了出来，让人看着，不禁也痴迷了去……

春天，当坐落在山顶的村庄还被白雪覆盖时，山脚下却

滑雪的人们正在优美地回转；玩雪地滑板的人欢快地跳跃着；滑雪橇的孩子们的笑声更是四处响起。

朦胧的雾气使山与湖仿佛都在梦中。

已是春风荡漾。树木开始抽芽，积雪融化的江河在阳光下也美丽地闪耀着。太阳的红光渗透了少女峰峰顶的那一抹旗云，粉红的，十分妩媚。

夏天是美丽的阿尔卑斯高山植物鲜花盛开的季节。这个“徒步旅行天国”吸引了很多热爱大自然的人士。在享受登山乐趣的同时，也可观赏山路两旁那些盛开的美丽的高山花丛。此时的少女峰在绿色的映衬下，变得生机勃勃。

每到秋天，瑞士各地均被秋天染成金黄色或红色。尤其是少女峰脚下发射金黄色光芒的湖畔岸堤，为少女峰增添了成熟的韵味，山坡上浮起一层又一层的青云，缕缕丛丛地簇拥着巨大的马特宏峰……

少女峰的冬天是明媚的阳光和耀眼的积雪共同编织成的银色世界，山川和田野都换上了银装。近处是顶着足有半米厚积雪的木楼群，一栋栋，一间间，错落有致，起伏跌宕。还有那在积雪中挺拔直上数十米的塔松、毛榉……

如此的少女峰，怎能不让人沉迷其中？

意大利

Italy · 浪漫极致

人们对于意大利的向往，不单是为了寻觅当年赫本和派克的踪影，倾听他们的欢笑和浪漫的奇遇；也不单是为了泪洒佛罗伦萨美丽的伤感、威尼斯的小桥流水；也不单是为了感受一下灿烂的阳光下数不清的喷泉、广场、雕塑和博物馆，以及与游人嬉戏的无数的鸽子……

罗马 Rome

追随公主的脚步实现浪漫

遥远的英雄的梦幻如今都已斑驳，但它却为浪漫的爱情绘制了最美的布景。

很多人希望爱情可以浪漫而永恒，而罗马，正是浪漫与永恒结合的杰出典范。在这里，我们只要跟着安妮公主的脚步，便可收获一份真实世界中独一无二的浪漫。

熟悉罗马的人都知道，马尔他街51号是记者乔·布莱德利的住所，同时也是安妮公主与乔·布莱德利产生爱情的地方。现在这里大门紧闭，四层小楼由于风吹日晒显得有些破旧，一些窗户连玻璃都没有，只是用几块塑料布挡着，但是却掩不住人们对它的追寻与幻想。

马尔他街历来是罗马文人喜欢聚集的地方，意大利著名的电影大师费里尼生前就住在这条大街上。马尔他街仍然一如往昔地宁静，两侧的小店铺依然古色古香，古玩店、小画廊、手工作坊依然相邻为伴。

距马尔他街只有几步之遥的便是当年让安妮公主十

沧桑厚重的古罗马圆形剧场。

生生不息的河流就像一面镜子，谁站在它面前，谁就看清自己，包括这古堡。

罗马大教堂后右侧的比萨斜塔。

分着迷的西班牙广场。文坛巨匠拜伦、歌德、安杰里科、考夫曼、巴尔扎克、司汤达、安德逊等名人都曾在广场附近的街上居住过。在乔的陪同下，安妮公主也曾登上过这些通往三位一体山丘的著名大理石台阶。

安妮公主离开之后，与乔来到了被称为罗马喷泉之最的“许愿泉”。这座喷泉始建于1730年，正式完工花了30多年时间，真是让人惊叹。其实，这30多年的时间都花在塑造海神的形象上了：以波里侯爵府的一面后墙作为背景，中间是海神尼普顿指引两个水神驾驭两匹带翼的海马，一只难以驯服，另一只温顺安详，以此象征着大海平静与波涛汹涌的两面性。两侧的女神分别代表“富足”和“健康”。

安妮公主的最后一站是位于台伯河畔的天使古堡。天使古堡是灰姑娘安妮重新成为公主前的最后一个场景，紧跟在后面的就是那个比较哀伤的结尾了。不过你游览的脚步应该不会在哀伤中停止，罗马永远都像个巨大的宝库，等待着你实现许愿泉前的愿望——再一次回到这里。

佛罗伦萨

Florence

当 浪 漫 遭 遇 古 典

那是场华丽的梦境：迷雾和霈雨笼罩着四月的清晨，在佛罗伦萨的街头，寻找那个睿智的女子。梦醒时，只看到红色的屋顶和着轻声的叹息……也许，这就是佛罗伦萨，因充盈的思想而美丽，像尽情绽放的烟花，让人忍不住靠近，翘首期盼。

回眸意大利的历史，佛罗伦萨就像一粒珍珠，从贝壳中飘起，冉冉地升至海面。它承载着太多的过往，然而深邃的历史和古朴的建筑却掩盖不住它别有韵味的锋芒。当浪漫遭遇古典，命中注定，佛罗伦萨将让你“在劫难逃”。

远望佛罗伦萨，错落有致的房舍庄严而肃穆，宫殿在蓝天白云下熠熠生辉。色彩鲜艳的墙壁、深绿色的百叶窗、深红色的屋顶，处处涌动出古朴与悠然的气息。这里有着托斯卡纳最典型的天气，在初升太阳的光芒中，阿尔诺河悠闲地穿过城市，与老桥的倒影相映成趣。

佛罗伦萨的街道悠远而绵长，如此静谧的中世纪街道，仿

河流、桥梁、小船，这才是典型的佛罗伦萨。

佛罗伦萨之夜

佛每块砖瓦都诉说着它们是如何历经了巨大的沧桑后才换得今日的安宁。旧宫威严而立，兰奇长廊悠然静卧，乌菲兹美术馆就在咫尺……每一处建筑，似乎都在延续着“文艺复兴”时期繁荣而昌盛的场景。

距离领主广场不远处便是著名的圣母百花大教堂。展开历史的画卷，它的过往一一呈现在眼前：这文艺复兴时期的伟大建筑，不仅拥有世界上第一座大圆顶，在墙壁上，又将巨幅油画《末日的审判》精致呈现。惟妙惟肖的建筑设计早已经让人叹为观止，走上圆顶却发现这里还设有螺旋形阶梯——直通穹顶，从穹顶，可以鸟瞰全城风光。

佛罗伦萨是一个摇篮，将太多的思想领入未知的现实世界。米开朗琪罗广场上的大卫雕像即出自这座摇篮：他矗立在我们面前，健壮、坚定且勇猛，他的目光深邃，径直地注视着前方。

但丁、伽利略、达·芬奇……也许名字只是一个代码，他们的思想，才是永恒的灵魂之树。

一种态度决定了一座城。佛罗伦萨对于历史的尊重和崇尚，从文艺复兴一直到现在，时刻显露着锋芒。这里涌动着人性之美，与威尼斯的美丽景致不同，它的魅力来自于它的人，当古朴的城市融进了浪漫的情怀，回顾与重温的同时，会让人幡然惊觉，原来是那无与伦比的艺术气质，使它成为理所当然的唯一。

当思想打上烙印，追逐的脚步从此频频交错开来。你一定看得到，那些崇高的灵魂，一直在每个日夜，交相辉映、引吭高歌……

威尼斯

Venice

浪　漫　毒　药

如果蓝色注定温柔／我愿繁衍成一片澄澈的水域／尖尖的船角划开波浪／那是我与刚朵拉赤诚的爱

在阳光中蒙上你的双眼／指缝间依稀一片温馨的红／具象的世界其实迷离／我是威尼斯／只在船的起伏中跳动

喜欢威尼斯，不仅因为它的浪漫，还因为那里浓郁的人文气息。威尼斯是梦幻般的地方，且不必说马可·波罗时代与中国西域曾有过的丝绸之路，就是在画册上看到的威尼斯也可称为世界上最美丽、最独特的城市之一。这里的居民最早是4世纪至5世纪为躲避战争逃到岛上来的。古城建于452年，位于亚得里亚海滨，被称为亚得里亚海明珠。它是从海上升起的城市，所有的房舍和街道以及精美的教堂都建造在数以千计

黎明时分，在威尼斯圣马可广场上，总督宫宁静而壮观。

的小岛上；纵横交织的水道就像其他城市的街道，而它的交通工具，如同陆地上的汽车和计程车一样，理所当然就是汽船和计程船。

从远处向水面眺望，那些轻巧纤细、造型别致的尖舟映入眼帘。在威尼斯，它们有着独具特色的名字——刚朵拉。千万不要小看它们，正是因为有了它们，威尼斯人才能信步于泻湖之上。

静静地坐在这里，看风景、吹海风。

据说，16世纪的刚朵拉是最华丽的，堪称整个尖舟造型的巅峰时期。那时候，当地的贵族们经常乘坐这种雕刻精美、船端装饰着丝绸和缎子的小尖舟，以此来炫耀自己显赫的地位和巨大的财富。为了将奢靡之风扼杀在摇篮里，威尼斯元老院颁布了这样的禁令：不准在尖舟上进行装饰来炫耀门第，已经安装的要及时拆除，所有的刚朵拉都要漆成黑色。从此以后，刚朵拉就变成了统一的造型和颜色，只有在极为特殊的场合，才有机会被装饰为花船。

即使如此，刚朵拉还是有能够体现匠人们工艺的地方——船头和船尾。在15世纪至16世纪时，六齿钺戟形状的船头和依奥尼亚式的船尾比较常见，到了18世纪，刚朵拉的形状和大小被逐渐统一，慢慢地发展固定成为现在的样子——长约10.75米、宽约1.75米。刚朵拉的底部略呈不对称形，这样是为了在靠一侧单桨划时船能够平衡。从前的刚朵拉中间仓还有船篷可以用来遮风避雨，然而随着时光流逝和岁月的变迁，这种船篷也逐渐消失。如今，船夫们只穿着一件有横条纹的紧身针织衣，头上戴着草帽，用来挡雨。

威尼斯大运河清澈的河面上，有许多著名的桥，每一座桥都在向人们述说着什么。丽都桥是最古老、最美丽的一座。这座桥原本是座木桥，

利多岛

威尼斯的东南方有一座小岛，它因为一条18千米长的沙洲而闻名，这座岛的名字叫做利多。一年一度声势浩大的威尼斯电影节就在这里举行，这里有欧洲最著名的海滨浴场。同时，利多岛也是一个国际性的疗养胜地。

华灯初上之时，大运河上的丽都桥风景正好，晚风中那光影的奢华无与伦比。

碧蓝的河流，建在河上的温馨小楼，河面上洋溢着欢声笑语的刚朵拉，这就是威尼斯。

与水为邻的人似乎总带有了水的灵性与浪漫，就连小小的窗户，他们也不忘别出心裁地装扮一番。

16世纪时人们决定将它改为石桥，据说米开朗基罗也曾竞标建桥，但最后被一个叫做安东尼奥的人得到，于1592年建成了现今这座白色的石桥。桥下是一个大跨度的拱形桥洞，桥上是一个有顶的走廊，从侧面看，桥的正中心是一个很高的拱形，两边各有六个小点的拱形门廊，成为24个店铺，行走在桥上既可以购买东西，又可以纵观大运河的全貌。另一座著名的桥为叹息桥，它建于1600年，是一座全封闭的巴洛克式石桥。它架在总督府和监狱之间的小河上，被判刑的犯人，就要经过这个桥被关进监狱，相传过往的船夫常常会听到犯人走过桥时的叹息声，所以被称为叹息桥。沿湖向码头走去，湖水清澈、碧蓝，远处的丽都岛隔湖在望，高耸的哥特式教堂钟楼，拜占廷式的圆顶建筑，古老而安详，所有的一切好像只有在梦中才会出现。

到威尼斯不能不去的是圣马可大教堂。828 年，福音传道者圣马可的圣骨从埃及移到威尼斯，所以人们决定建造华丽的教堂来供大家瞻仰圣物。这个教堂建造了很长时间（主要在 11 世纪～ 15 世纪），最后终于建成了这座金碧辉煌的华丽教堂。它融合了各个世纪不同的建筑风格：拜占廷式的金碧辉煌，哥特式的建筑精神，罗马帝国时期的外观，半圆拱的内部构造，以及回教宫殿式的圆屋顶。这正体现了威尼斯开放的、与世界交流与融合的观念。正面是大型拱廊，有 5 个奢华的大门，分别以罗马时期的小圆柱和浮雕作装饰。进入教堂，其奢华更让人感到惊叹，这里不像宗教的圣殿，倒像一座金光闪烁的皇宫。墙壁上金色的镶嵌画都是圣经故事。最惹眼的是布道坛后的一幅黄金装饰屏，这是一名金匠用纯金打造的艺术杰作，上面还镶嵌了宝石、珐琅等贵重的材料。在左侧的圣母小教堂中，陈放着装饰画和拜占廷金制圣器。这里世俗的奢华远远超过宗教的神圣，处处充满了威尼斯商人的“铜臭”味，真使你不得不对威尼斯商人的富有和对宗教的影响刮目相看。

看见这狭窄幽静的水路，你会不会想到北京的胡同？

除了景观，威尼斯在人文方面也有着杰出的表现，诞生于 1932 年的威尼斯电影节便是其中的优秀代表。它比戛纳电影节早 14 年，比柏林电影节早 19 年。时至今日，每年 8 月底到 9 月初的两周里，水城威尼斯都会成为世界瞩目的焦点。

其实，威尼斯有太多的东西值得你去看，去感受，去回味……每一次的审视都会有每一次的不同震撼。

法国

France ·迷幻色彩

法国拥有无与伦比的文化特质和秀丽风光，然而，更让人沉醉的是她骨子里透着的浪漫。身在其中，就如在画中，一路的桥与建筑，还有时尚的色彩，都足以让人目不暇接。而谁都知道，浪漫与时尚同生，也与艺术同在，但这些却都不足以概括法国。

巴黎 Paris

爱情如梦

如果你有幸在年轻时去过巴黎，那么以后不管你到哪里去，它都会跟着你，一生一世。巴黎，就是一场流动的盛宴。

有太多太多的小说和影视，把巴黎塑造成一个浪漫之都。这里拥有艺术文化的特质、秀丽的风光，但更让人沉醉的是巴黎骨子里透着的妩媚，身在塞纳河边，就如在画卷中，一路的桥都是美景，两岸的建筑更是美景，总有古典的气息扑面而来。

巴黎的阳光像帕瓦罗蒂的金嗓子，不仅极具穿透力，而且迂回婉转。沐浴在这样的阳光下，情侣们总是无法按捺心中的激情，要不然怎么随处可见拥吻的情侣呢？据说，法兰西的吻是最浪漫的接吻，唇舌相交，神魂颠倒，完全进入忘我之境。在巴黎，你完全没有必要压抑自己的感情，只要你愿意，随处都可以与你的爱人唇齿相依，缠绵悱恻。此时你会发现：巴黎的象征物不应是埃菲尔铁塔和巴黎圣母院，而应是一个热腾腾、红艳艳的吻痕。

利尔克曾说：“巴黎是一座无与伦比的城市。”巴黎建都已有1400多年的历史，而城市本身的历史已有2000多年。人们漫游这座城市所留下的最深刻的印象是：她既保留着许多闻名世界的历史遗迹，又有许多宏伟壮丽的现代化建筑和鲜艳动人的花朵。这里永远有取之不尽的风貌等

这尊经典雕像将巴黎的典雅与优美体现得淋漓尽致。

塞纳河畔，巴黎，战神广场上，那最显著的标志，也是法国的标志，就是这埃菲尔铁塔。

着你一探究竟。神秘的巴黎圣母院、盛名远播的香榭丽舍、经典的埃菲尔铁塔、雄伟的凯旋门……这一切的一切都让人神往，置身其中会很自然地感叹：一个都市的建筑如果没有其精神性，那便是一堆如蜂巢般的水泥块而已。

巴黎建筑的精神性是统一的，这也归功于它对建筑风格的协调性的维护和有远见的城市规划。巴黎的建筑虽然显得有点拥挤，一个挨着一个，但并不凌乱。这个有着几千年历史的城市，时至今日，每一座建筑都保留着原有的历史风格和典雅的风貌，所到之处，无一例外地能让人感受到历史的气息。虽然几经沧桑，虽然也经历了多次修缮，但它们仍保留着悠久而古老的文化韵味，宛如一幅优美的图画。

屹立在塞纳河边的巴黎圣母院，是最让人向往的地方，无论是因为大作家雨果的世界名著，还是因为它是法国哥特式教堂的经典之作，这都是欧洲建筑史上一个划时代的标志。无论是何原因，巴黎圣母院都无愧于它的盛名。寻觅着雨果笔下丑陋而善良的敲钟人悲惨命运的余音，但是走进其中，幽暗的环境，肃穆的气氛，香火缭绕，布道声声，使人产生“不敢高声语，恐惊天上人”的谨慎。

巴黎圣母院的风格独特，结构严谨，看上去十分雄伟庄严。它被壁柱纵向分隔为三大块；三条装饰带又将它横向划分为三部分，其中，最下面有三个内凹的门洞。门洞上方是所谓的“国王廊”，上有分别代表以色列和犹太国历代国王的28尊雕像。1793年，大革命中的巴黎人民将其误认为他们痛恨的法国国王的形象而捣毁。但是后来，雕像又重新被复原并放回原位。中央供奉着圣母圣婴，两边立着天使的塑像。再向外的左右两侧立的是亚当和夏娃的塑像。教堂内部极为朴素，几乎没有什么装饰。站在圣母院前的广场上，面对着这位600多岁见证了法国历史的老人，它带给人的震撼不只是因为雨果的名著，也不只是因为它是建筑史上的经典，而是因为这座古老的教堂带给人的巨大的历史感染力……

灯光总有一种神奇的功效，它能打破白天与黑夜的界限，给所有的都蒙上美妙的面纱。

海纳百川是巴黎成为世界时尚之都的重要因素之一，来自世界各地的设计师、摄影师、模特、编辑等怀揣时尚之梦的才子在这里努力寻找机会。同时，他们也带来了各地的服装潮流，朋克、雷鬼、嘻哈，虽然一些保守的巴黎人会把这些风格归入丑陋一类，但正如一位著名的大师所说：“好品位缺乏幽默感。”有幽默感才能赢得民心。在好品位与坏品位、传统与反叛的吵吵嚷嚷中，巴黎的时尚不断更新。

巴黎给人的印象就是流行时尚的集中地，同时它也是浪漫狂欢的地方。其中最有名的应是贯穿凯旋门的香榭丽舍大道。所谓香榭丽舍，是希腊神话中“乐园”的意思，也就是说希望来这儿的情侣都能寻找到心中的爱情乐土。不论是漫步在法式的林间小道，还是在咖啡座小憩片刻，都可呼吸到属于巴黎的空气。

月夜的塞纳河

巴黎的宽广抵不过空气中弥漫的浮华和香艳，这些上千年摆弄出来的无限风雅之地，是到过或没到过的每一个人都无法抗拒的。玛德莲娜广场是巴黎浮华的风口浪尖、时髦漩涡的正中央，每天出门就可呼吸到大师精心调弄的巴黎味道，连空气也是打扮过的。在左岸圣榭尔芒德佩区的古老巷子里、中世纪的窄街、古老浪漫的高档小旅馆、软墙裙、软脚几、落地窗幔、落地桌布、流苏低垂，嵌金线的家具在柔软中穿梭、旖旎、缱绻，说不尽的风月故事尽在此中。

这也是巴黎浮华的一种特质。城中央 3 区、4 区玛黑一带的古老旅馆，十有八九是贵族豪门的官邸改造的，够堂皇也够历史悠久，老地板、吊顶床、洗手间可能比别处的客厅还大。推门出去，就是古典的花园，还有前卫时髦彻夜不眠的巴士底，所有的一切都向人们证明巴黎特有的浮华。巴黎的浮华不是人人看得懂的，不是镶金嵌玉、铺大理石、造巴洛克柱子……巴黎的浮华是飘在空气里的，或像香水，刚好让你感到心旷神怡，不会多出一分；或颜色组合绚丽，每个细节都有质感，绝不允许一丝破绽。

❖波尔多耸入云天的大教堂。

波尔多 Bordeaux

味蕾的盛宴

这是一座奇特的城市，原始的，也许还是独特的，把凡尔赛和安特卫普两个城市融合在一起，您就得到了波尔多。

——维克多·雨果

提起波尔多，脑海中的印象更多是来自于一座座葡萄庄园，一望无际的农田被片片葡萄园淹没，无论河谷阶地还是缓坡丘陵，只要视线所及之处，全部都是一行又一行整齐的葡萄架。灿烂的绿色葡萄叶被阳光反射得有些刺眼，叶子下面串串圆润饱满的紫色葡萄粒娇羞地半掩着面庞。

波尔多位于法国西南部，与葡萄酒有着不解之缘。特等波尔多红葡萄酒被封为世界葡萄酒的“皇后”，这里的一切，似乎都与葡萄酒有着密不可分的关系。作为一座拥有优良港口的大城市，波尔多市从古罗马时代起便一直延续着它的繁华。据史册记载，这里曾一度沦为英国的领地，从横跨加龙河的桥上极目远眺，

❖如果走在这座桥上，你会相信，它就是塞纳河与云的结合。

远方那些星星点点沿河建立的房屋，至今让人禁不住联想到伦敦泰晤士河畔的秀丽风光。与此同时，这座城市在历史上也有着显赫的地位，它不仅是法国大革命吉伦特派的发祥地，更是孟德斯鸠、蒙田等杰出人物出生的地方。

以城市为出发点，沿途的各个地方——吉伦特河、加龙河以及多尔多河流域的城堡，每一处都让人流连忘返。

波尔多民居

波尔多的夏天比想象中多了几分清凉，从比克特瓦尔广场一路步行到老城区，沿途经过一条名为圣凯瑟琳的街道，街道很长，异常繁华，随处能见到平价商店里正在举行的拍卖活动，累了，就选间咖啡厅休息，等待再次启程。穿过马路，来到科梅底广场，这恢弘壮观的广场对面，就是波尔多葡萄酒之家，这里有着更多波尔多葡萄酒的相关信息。

行走在波尔多的街道，心中总是会滋生出别样的感觉，这里没有法国田园乡村的姿态，却尤显英国小资情调的优雅。这座古城，常年受到阳光的眷顾，所以很多人来到这里，参观葡萄庄园，也成为某种必然。

还没走进葡萄酒庄园，热情好客的酒庄工作人员已经迎上前来。在倾听工作人员讲解当地葡萄酒的文化和历史之后，一路跟随他们来到葡萄行间。酒窖酿酒的工艺着实让人大开眼界，信步于重重叠叠的橡木桶之间，汲取着葡萄酒诱人的醇香，人世间从此又多了一个快乐的醉汉。在展示厅，不同品种的葡萄酒摆放其中，同时摆有品酒用的器皿。对于一个外行来说，酒庄的道行实在太深，想了解其中的奥秘，真的要多来几回才行。

细抿着口中葡萄酒的余香，走在归来的乡村小道上，心中万千感慨。真的应验了那句话：“一方水土养一方人。”无论是葡萄酒还是波尔多，它们的奇特，都将成为代表这方水土最忠实、最具代表性的意象。

波尔多红酒SPA

近几年来，波尔多红酒SPA成为法国人的时尚新宠。一直以来，葡萄酒对于女性有着神奇的美容功效。为了保持美丽，不惜血本的法国人想出了这样的创意：他们在葡萄酒庄园专门为女性设置整套红酒SPA。因为波尔多红酒名扬四海，波尔多红酒SPA也成了人们享受的上品追求。

普罗旺斯

Provence

紫 色 倾 情

说到法国，最让人向往的是那片紫色，在电影《薰衣草》唯美的画面里演绎的浪漫爱情让多少人为之向往，同时，它也成全了现代人对于爱情的终极幻想。

普罗旺斯位于法国南部，从诞生之日起，就谨慎地保守着它的秘密，直到英国人彼得·梅尔的到来，普罗旺斯许久以来独特生活风格的面纱才被渐渐揭开。在梅尔的笔下，“普罗旺斯”已不再是一个单纯的地域名称，更代表了一种简单无忧、轻松慵懒的生活方式，一种“宠辱不惊，看庭前花开花落；去留无意，望天上云卷云舒”的闲适意境。如果旅行是为了摆脱生活的桎梏，那么，普罗旺斯会让你忘掉一切。

薰衣草，这种花语为“等待爱情”的紫色小花，不知迷倒了多少人。如此茂盛的薰衣草田，如此纯粹的紫色在高高低低的田园里绽开，在夏日的风中打开浪漫的符号，像那种最沉静的思念、最甜蜜的惆怅，仿佛藏身于深爱者的心中，却永远无法执子之手那种温暖而忧伤的感觉。收割好的干草垛卷成橡木酒桶样子，三个五个地晾晒在田野上，黄得很单纯。黄与紫就这样干净地舒展着，空气里、头发上、肌肤上满满地沾染了薰衣草的味道。

整个普罗旺斯地区因极富变化而拥有不同寻常的魅力——天气阴晴不定，暖风和煦，冷风狂野，地势跌宕

❖在普罗旺斯，人会和薰衣草一同忧郁，但那忧郁却并非为世间的凡事。

❖民居散布在山坡的绿树丛中。

起伏，平原广阔，峰岭险峻，寂寞的峡谷，苍凉的古堡，蜿蜒的山脉和活泼的都会，全都在这片法国的大地上演绎万种风情。7 月到 8 月间的薰衣草迎风绽放，浓艳的色彩装饰翠绿的山谷，微微辛辣的香味混合着被晒焦的青草芬芳，令人迷醉。

阿维农是普罗旺斯的入口，南部小镇雅致的风格从这里开始。阿维农小镇的街道，随处可见卖画和作画的艺人。这个充满艺术气息的小镇曾出现在毕加索的画笔之下，而现在当然不会缺乏色彩的艺术家，一幅幅色彩清丽的油画为精致的小镇增添韵味。欧洲历史上有众多画家，即使出生在不同的国度，但都曾经在法国学习生活，更有很多人在法国成名。

阿维农是普罗旺斯最热闹的城市，阿维农，在古语中原意是“河边之城”或“很多大风的城”。它站在普罗旺斯大河岸边的高坡上，凸出于周围的平原和低谷之上，终年都有大风刮过。这样的地势，历来是商家和兵家的必争之地，因此这里留下了很多罗马遗址。在这个极其浪漫的紫色仙境里，这些古代遗址又为它的浪漫增添了一抹厚重。

普罗旺斯，从年初 2 月的蒙顿柠檬节到 7 月至 8 月的亚维农艺术节、欧洪吉的歌剧节到 8 月普罗旺斯山区的薰衣草节，四时呼应着山城无拘无束的岁月。这股自由的色彩蛊惑着艺术家创作的灵感，塞尚、梵高、莫奈、毕加索、夏卡尔等人均在普罗旺斯展开了其艺术生命的新阶段。

普罗旺斯那能迷倒众生的特殊魅力，让人身在其中，久久畅想，而不忍离去。

西班牙

Spain·阳光天堂

西班牙是一个充满热情、富于活力的国家，一个挥洒艺术气息的乐土。西班牙素以斗牛、舞蹈名扬天下，大部分国土气候温和，山清水秀，阳光明媚，风景绮丽，在3000多千米蜿蜒曲折的海岸线上，遍布着许多天然的海滨浴场，成为所有情侣蜜月旅行的梦想之地。

马德里 Madrid

阳光之城

在红色、热情的西班牙，不能错过的是马德里的阳光、古迹、艺术、美食。

马德里位于伊比利亚半岛中心，以太阳门为中心，道路由此成放射状展开，便利的地铁和公车系统、悠闲的步道，无不提醒你身处西班牙。从太阳门广场往西比列斯广场，沿途全是著名古迹：庄严皇宫、普拉多博物馆、圣伊西卓大教堂。逛累了还可以停下来喝杯咖啡，静静地感觉这城市的脉动，享受当地的风情。

哥伦布成功发现了新大陆，改变了人类对地球的认识。当然，身处马德里，一定要去缅怀这位历史的老人。哥伦布纪念碑为纪念航海家哥伦布而建，碑顶上是哥伦布的雕像，面朝美洲新大陆方向，已成一种历史姿态。

艺术之城是对马德里的另一种定义，要想了解现代艺术的构架，必然要在文瑞内索菲亚美术馆徜徉。文瑞内索菲亚美术馆的收藏品基本上涵盖了19世纪末到20世纪的西班牙现代艺术品，包括超现实主义、抽象主义及“二战”后的前卫派作品等。参观这家美术馆，可以对西班牙艺术风格在欧洲艺术风潮影响下的脉络和发展有个基本的认识。当然，最不能错过的是毕加索、米罗。

马德里皇宫是仅次于凡尔赛宫和维也纳皇宫的欧洲第三大皇宫，是西

现代的马德里仍保留着古雅的西班牙气息。

马德里纯净的夜景。

大地女神喷泉

班牙的骄傲，也是马德里的代表。它建于 1738 年，历时 26 年才完工。皇宫类似法国的卢浮宫，外观呈正方形结构，内部装潢则是意大利风格，富丽堂皇。宫内藏有无数的金银器皿和绘画、瓷器、壁毯及其他皇室用品。皇宫的对面是西班牙广场，中央矗立着《堂·吉诃德》的作者塞万提斯的纪念碑，纪念碑旁还有骑马的堂·吉诃德和他的仆人桑丘的塑像。

看过了马德里的厚重历史，就该去丽池公园放松一下自己。丽池公园是马德里最著名的公园，在 17 世纪由菲利浦四世下令兴建，以作为皇室成员的娱乐场所，园内有许多重要的纪念碑。公园里的植物品种繁多，达万种以上，这些植物的新奇绝对会让你大吃一惊。

有人说，在马德里不品尝它的鲜美，就不是完整的马德里之行。世界闻名的美味有橄榄、海鲜饭等，尤其海鲜饭中加放的番红花，真可以说是芳香迷人。这才是真正的享受，欣赏着马德里的风景，感受着马德里的艺术，吃着它的美味……

根据米罗的名画《女人和鸟》创作而成的同名雕塑作品。

巴塞罗那 Barcelona

明珠般的城市

文艺复兴时期的大作家塞万提斯，曾赞誉它是西班牙的骄傲和世界上最美丽的城市。来西班牙度假的朋友，这明珠般的巴塞罗那不可错过。

巴塞罗那位于西班牙东北部的地中海岸，气候宜人、风光旖旎、古迹遍布。西班牙现代艺术巨匠毕加索、米罗、达利等人都诞生于此，使它成为西班牙的文化名城，素有“伊比利亚半岛的明珠”之称，也有“地中海曼哈顿”之称。整个城市依山傍海，而哥特式、文艺复兴式、巴洛克式建筑和现代化楼群相互辉映，使它成了伊比利亚半岛最富欧洲气质的大都会。

漫步在巴塞罗那，你会发现，巴塞罗那的城市规划非常的特别，所有的街道都垂直相交而且长度一样，是真正的“block”。在地图上看，全是一个个整整齐齐的小四方块，如果在空中俯瞰的话，则如“井田”一般，蔚为壮观。

别致的房屋装饰会让第一次见到它的人大吃一惊。

巴塞罗那的建筑风格包罗万象，多是很现代的建筑，但很多地方的民居则跟东南亚很像。教堂以欧陆的富丽风格为主，有些景区却有很多中东风味的教堂和街巷。身处巴塞罗那总会对它的建筑产生无限的感慨，每一个微小的细节，都能体现西班牙人对于审美的苛刻。

高迪作为西班牙最伟大的建筑师，他的作品更是完美地体现着西班牙的建筑风格。巴塞罗那无论哪个角落都有他的作品，而且每一处作品都风格各异。桂尔公园是欣赏高迪建筑风格的最好地方。公园里的台阶、喷水池、市场、广场、走廊等无不体现着高迪的建筑思想。桂尔公园里许多碎瓷片镶嵌，既华丽浪漫，又充满了强烈的艺术感。每一处设计都在表现这位伟大建筑师大胆的构思与奇妙的想象力。

这些现代建筑的每一片砖瓦都体现出巴塞罗那的现代气息。

圣家赎罪堂又名神圣家族大教堂，是高迪最有代表性的设计之一，无论你身处巴塞罗那的哪一方，只要抬起头就能看到它。这座教堂从高迪在世时开始，直到现在都在不停地建造，已经一个多世纪了，仍未造完，在它高高的塔顶上仍是搭满了脚手架。这是一座象征主义建筑，它的四座尖塔代表了 12 位基督圣徒；圆顶覆盖的后半部则象征圣母玛利亚。它的墙面主要以当地的动植物形象作为装饰，正面的三道门以彩色的陶瓷作为装点。整个建筑华美异常，令人叹为观止，是建筑史上的奇迹。

走过整个巴塞罗那城，它独特的建筑艺术会点燃积压在心中的所有热情，再也不会有哪个城市会这样进入人内心，久久凝聚。

巴塞罗那的街道

阿尔汗布拉宫

Alhambra Palace

摩尔人的斑驳记忆

天空笼罩着阴霾，在这最后的两个世纪里，即将失去未来的摩尔人好像身患绝症的病人，对生命的认识一步步升华。他们如此留恋现实的美好，于是，便将所有的技巧和想象力皆倾注于一座建筑，唯有以此，永垂不朽。

在西班牙，一座红色城堡迎风而立。它被誉为古伊斯兰建筑的登峰之作。所见之处，设计精巧，构造细腻，尽显恢弘与奢华，它便是摩尔王朝无与伦比的宫殿——阿尔汗布拉宫。时光在不知不觉中悄然而逝，可这座宫殿，却一直寂寞地矗立在那里，静静地讲述着一个古老而神秘的王朝曾历经怎样的繁华与衰败。

阿尔汗布拉宫的夜幕。天空的蓝让这里更完整，似乎它能填充一切空虚。

8 世纪，北非摩尔人从直布罗陀海峡攻入西班牙，占领了伊比利亚半岛，从此开始了长达 700 多年的统治。随着摩尔王朝的势力的减弱，13 世纪，摩尔人失去了在西班牙占领的大部分土地，他们知道自己的前途未卜，于是倾注了所有的心血，在都城格林那达的阿尔汉布拉山上修建了这座举世瞩目的神殿。

整个宫殿共占地 14 万平方米，四周全部由红石墙围起，长约 3500 米，与中国的故宫颇有几分相似。远远望去，它仿佛一座敦实的城堡，然而其内部结构却是错综复杂，穿梭其中，仿佛置身于迷宫。

从正门进入，两个互相垂直的院子映入眼帘，南北向的名为石榴院，是朝拜的地方，显得庄严而肃穆。东西向的名为狮子院，是妃子们居住的后宫，显得细致而奢华。摩尔人天性中便有对水的崇拜，所以整个宫殿内随处可见水池、喷泉。这些水珠温柔地装点宫殿，为宫殿增添着妩媚与灵动。

如果提及阿尔汗布拉宫最大的特点，便是墙壁上那些变化多端、色彩艳丽的装饰图案。阿拉伯美学中特有的藤蔓和各种几何花纹交替其中，出奇地精致与细腻。有人这样形容：当阳光投射在这些镂空和雕琢的装饰上，总能给人一种舒适和敬仰的感觉。仰望这些建筑，仿佛一部部古老而神奇的神话故事，耐人寻味。

后宫是整个宫殿中最为神秘的部分，遥想当年，宫外是否有人知道，那旖旎的风景，就在厚重的红墙之中，是否也像其他王朝中的那样，在这里，演绎着一段又一段凄美的宫廷之恋？

纵览整个摩尔王朝的兴衰史，禁不住为他们遗憾。虽然阿尔汗布拉宫的建造目的也在于防御，可摩尔人最终还是没能坚守住那块曾满载他们荣耀的阵地。所有的一切不过是历史长河中的昙花一现，唯有予以寄情的建筑，在摩尔人斑驳的历史中，印下永恒的瞬间。

这些镶嵌的砖好似历史细致而坚定的笔触。

昏黄的小巷一定是古老的阿尔汗布拉宫的一个梦。

塞维利亚大教堂

塞维利亚 Seville

文学艺术的钟爱之地

西班牙人骨子里透着这样一种气息：山一般的坚持，火一样的热情。他们放荡不羁，他们英俊倜傥，他们在激昂的斗牛士舞曲中，从容地提起火红的斗篷，微笑着面对舞得正好的激情人生……

说到西班牙，人们必然会想到欧洲文学艺术里最钟爱的城市——塞维利亚。所有的好奇，也许只有真正地走近，才能找到满意的答案。

塞维利亚是西班牙安达卢西亚省首府，著名的文化古城。欧洲文学戏剧中的很多故事和人物都出自塞维利亚，如：英国诗人拜伦及奥地利作曲家莫扎特的歌剧《唐璜》中的人物唐璜；法国剧作家博马舍的作品经意大利作曲家罗西尼改编的著名歌剧《塞维利亚的理发师》及奥地利音乐家莫扎特改编的歌剧《费加罗的婚礼》；法国作曲家比才描写西班牙吉普赛人卡门爱情故事的歌剧《卡门》。西班牙大作家塞万提斯的作品中经常提到塞维利亚的街道和房屋的名字，他在这里度过青年时代，不朽的《唐·吉诃德》是他在塞维利亚的监狱中完成的，作家最后也长眠于此。

安达卢西亚的塞维利亚广场上，到处都是古雅的建筑。

塞维利亚如此地吸引着这些伟大作家的注意，也许很大的原因是它的历史厚重感。塞维利亚是8世纪至13世纪哥特人及阿拉伯摩尔人王国的首都。15世纪末美洲新大陆的发现，为西

西班牙广场上的喷泉。

颜色不一的农场是自然的作品。

班牙带来了巨大的财富。16世纪至17世纪时塞维利亚成为世界最繁华的商城和海港，它作为欧洲对美洲唯一的贸易港口长达300年。17世纪西班牙逐渐丧失海洋霸权和海外殖民地，18世纪末塞维利亚内河淤塞，船只不能再直驶入内陆市区，优势尽失，日渐衰落。所有的荣辱兴衰也许就像人的一生，反复无常。

塞维利亚至今仍保留着古城风貌，这里有罗马式、哥特式、巴洛克式及文艺复兴式的建筑和花园，享有“花园城”的称号。作为犹太人的聚集地，其大教堂及吉拉达钟楼为塞维利亚最为雄伟的建筑，更是继梵帝冈圣彼得堡教堂之后，世界第二大天主教堂，每年都有成千上万的人来此朝拜。

春会在塞维利亚是一个很重要的庆祝活动，表现了塞维利亚的另一种风情。春会在19世纪时还只是一种小型的农业集市，后来就渐渐演变为庆典活动。当橘子花开的时候，整个塞维利亚城都开始为即将到来的春会做准备。节日当天，男人们通常是穿上短衣短靴，女人们则穿上五颜六色的皱褶宽裙一齐出门沿城狂欢，所有的人都跳着佛朗明哥舞，场面热闹非凡。身在其中，即使你不是西班牙人也会被这样的场面所感染，尽情释放你的全部热情、狂放……

希腊

Greece ·爱神之地

一个个关于虔诚爱情的故事，千百年来一直在一群奇异的巨石之巅——希腊，不断地演绎着对爱情的执着与不悔，爱琴海上留下了“生死相许”的痕迹，现代的“伊甸园”米克诺斯岛，蜜月盟约之地——帕特农神庙……这些都深深地吸引着现代的恋人们。

米克诺斯岛

Mykonos Island

现代“伊甸园”

在爱琴海成千个岛屿里，米克诺斯岛的景色显得最为突出。这里既有欧洲都会的时髦，又有轻松悠闲的迷人气质，可以说来到希腊，这个地方不可不去。

走过不同的地方，见过不同的海，但只对爱琴海情有独钟。也许是因为那湛蓝湛蓝的海水，也许是因为那万里无云的碧空，也许是因为那金色的灿烂阳光，也许是因为那咸咸的海风……这样绝佳的组合着实让人兴叹与神往。

清晨时分的雅典安静异常，但码头却是一番庸碌的景象，因为，驶向米克诺斯岛的初始站便在这里。据说爱琴海是纪念爱琴王而得名的，他因为没能盼回远征的儿子，从而纵身跃入大海。父子情深又加重了爱琴海的纯净与忧伤，当然，还有它的美，使世世代代的人向往不已。

如今的米克诺斯被西方游客称为“最接近天堂的小岛”——于是有了米克诺斯式的“天体海滩”。在爱琴海的阳光下，那些

由白蓝色的小屋、蓝天、阳光和红艳艳的叶子共同装点的小巷，最能让人想到的是羞涩、暧昧、甜蜜。

米克诺斯岛上的蓝白小房子衬着蓝天碧海，令人一见倾心，清新惬意。

有人说："在米克诺斯你可以像亚当、夏娃般一丝不挂地在海滩漫步，做你想做的事情。"

毫无保留的浴客在海滩上躺着，交叉着，悠然自得……

米克诺斯岛不愧"4S 小岛"之称。4S 代表着蜜月中爱人所梦想的一切：在明媚的阳光（Sun）下，躺在松软的沙滩（Sand）上享受日光浴的惬意，浸润在蔚蓝的海水（Sea）里与你的爱人相拥裸泳，肆意地享受性爱 (Sex) 的美妙。正因如此，每年世界各地的情侣们都蜂拥至此。在这里，你完全可以像亚当、夏娃一样，在这个现代的"伊甸园"里抛开外界的所有束缚，以人最原始的状态躺在金色的沙滩上，充分地享受米克诺斯的阳光，即使被晒得黝黑，也无关紧要，重要的是你所享受到的。

在米克诺斯的中心地带——米克诺斯镇上，漆成蓝红绿色的住宅门窗与蓝天碧海如此协调，一路上是大大小小的教堂，其中"白教堂"是米克诺斯的乡镇教堂。其独特的造型堪称小岛的标志。它有别于传统东正教教堂，远远望去，白教堂与上方盘旋的海鸥、蓝色的天空自然地融合在一起，成为爱琴海上最美妙的篇章。

美好的瞬间总是短暂的，有人说，在米克诺斯岛，睡觉是一种浪费。夜晚的小岛是个活力十足的地方，人们穿梭于不知名的小巷，期待着在下一个街口与惊喜不期而遇。

帕特农神庙沧桑斑驳的石柱。

雅典 Athens

历史与现实的交汇点

作为一颗蓝色的宝石，它时刻对生存样态充满了警觉。它从不盲目地屈从于命运，它从不做任人摆弄的玩偶。从它身上，人们可以看到行动和激情的力量。

希腊的首都雅典以其特有的魅力，吸引了全世界的注视。来希腊享受了海岛的浪漫与休闲之后，一定要到雅典来感受希腊给人类留下的历史馈赠，在这里你可以站在巨人的肩上俯瞰生活，让心灵接受洗涤，归于平实。

雅典曾是整个世界思考的中心：西方哲学、民主政治、奥林匹克、《伊利亚特》、《奥德赛》……每一个名词都牵动着人类的灵魂。雅典古老的建筑可以还原人们对于希腊的所有幻想，可以依稀再现人类文明发源的足迹，可以满足人们对于柏拉图

奥林匹克艺术长廊的夜景。

式爱情的梦想追求。它是尘世间每一个旅行者精神与理想的栖息地。

如今，这座城市虽然也是一副现代都市的面孔，千年的剧场上演着最前卫的音乐；衣着时尚的人们徜徉在青石铺成的布拉卡老街上；比雷埃夫港——这个当年波希战争中希腊的海军基地，现在驶出的是开往爱琴海的游轮。然而，雅典人的选择是果断明智的，他们从不会容忍现代化的脚步掩住古文明的风采，历史与现代在雅典完美地交融着。

希腊的卫队战士

“不自由毋宁死”。在雅典，行人到处都可以看到迎风飘扬着的希腊国旗。这种感觉，仿佛刚刚观看过电影《勇敢的心》。从 1821 年希腊推翻土耳其统治之后，希腊的爱国者便启用了这种蓝白相间的图案作为国旗的颜色。对于国旗图案的象征意义，希腊官方从未做过正式的解释，然而，希腊人对此却有自己的解释：图案上的九个条纹来自希腊文“不自由毋宁死 ”一词的九个音节：“E-LEU-THE-LI-A H THA-NA-TO”。

“不自由毋宁死”、“自由颂 ”……踏上雅典的瞬间，热爱自由、崇尚自由，甚至为自由而战的民族精神将人们重重包裹。

雅典最重要的古代建筑就是雅典卫城，它位于海拔 156 米的高地上，从希腊任何角度都可以看到这座巍然屹立的古老建筑。虽然卫城早已失去了昔日的壮观华美，只剩下断壁残垣。但奇怪的是，卫城的种种残损破旧却丝毫不带凄凉之意，反倒让人无端生出些许眷恋。坐在神殿的石柱下，日光从迤逦的云朵中照射下来，微风吹过廊柱，仿佛欢快的手指拨动着竖琴琴弦，悬崖下温柔的爱琴海一片澄蓝，波光粼粼，卫城笼罩着几分神秘安详之美。

整个卫城最吸引人也最震撼人的正是这一份历经苦难战乱洗礼却留存下来的最平静的精神，那一根根屹立千年的石柱，摸去粗糙坚硬，叩之锵然有声，无言无语，却自有灵魂。相邻而坐的情人们闭上眼睛，感受卫城，与它进行心灵的对话，也许对于爱情和生活的顿悟就在这一瞬间。

奥运会起源的地方

希腊雅典是奥运会起源的地方。1896年，雅典曾举办过第一届夏季奥运会。时隔百年之后，在2004年，雅典作为第二十八届夏季奥林匹克运动会的举办国，再次以其不凡的实力，向世界展示了它的进步与发展。

帕特农神庙

Parthenon

蜜　月　盟　约　之　地

素白的真实、夕阳的醉人……雅典的历史与现代交融后，有旅人发出这样的疑问：究竟少了哪些，为什么心中会有空荡荡的感觉？将坚贞和庄重注入命脉，是不是灵魂从此便能停下脚步，就此变得丰盈而充实？

希腊首都的最高点，矗立着一座恢弘的建筑。当年，它是为了供奉雅典守护神雅典娜而专门建造的，如今，它仍然被认为是古希腊时期最为宏伟的建筑。它，便是帕特农神庙。见过的人不免陷入困惑，为什么帕特农神庙的线条没有绝对的直线，绝对的水平和绝对的垂直？

据说，帕特农神庙距今已有2500年的历史，它最早建于公元前447年，意味“贞女”。几经修复，已经没人知道建筑构造最初的模样。据史料记载，在希腊诸城遭到波斯军队大举进攻的时候，整个雅典被洗劫一空，同时，卫城也被摧毁殆尽。正是因为这样，100多个希腊小城联合起来形成同盟，经过团结抵抗，波斯人被赶出希腊，希腊由此进入“黄金时代”。公元前447年，经民族领袖伯里克利倡导，通过了希腊全体男性公民的投票表决，从此，帕特农神庙开始建造。历时8年时间，终于完成了主体工程。

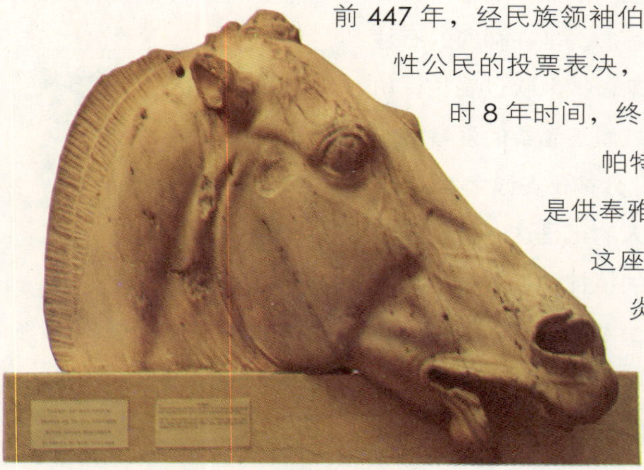

马头雕塑

帕特农神庙是希腊规模最大的神庙，是供奉雅典娜的主神庙。2500多年以来，这座白色石灰石所建的圣殿，在蓝天炎阳的交互辉映下，展露出庄严而绮丽的丰姿。帕特农神庙占据卫城的中心，就像一支交响乐，有直白的起承，也有巧妙的转合，有平缓的叙述，也有炫目的华彩，阴柔与阳刚相结合，婉约与坚毅并轻重。

虽然历史将它侵袭得只剩下一些基本的结构，但丝毫不影响人们对它的欣赏。黄金分割的架构和仅存的一片三角形屋顶立面使整个建筑充满了和谐之美，无论从何种角度观看，都无懈可击。巨大的石柱撑起的与其说是不复存在的屋顶，不如说撑起了雅典城上空的一片蓝天，宏伟磅礴。柱形是古希腊建筑中最简单的一种，柱基和柱顶没有复杂的装饰，而柱身上的凹槽给建筑增添了几分生动。可正是这种简单才造就了这世界建筑史上的惊叹号，千百年来被世人尊为经典。尽管最终雅典娜的智慧神没能捍卫她心爱的圣地，雅典娜的神像也被掩埋在历史的变迁中，但是直至今日，却可以听到许多来到帕特农神庙许愿的声音，通过他们的声音，延续着这段亘古美丽的传奇，显示着世人对于种种美好憧憬的虔诚膜拜。

雕塑家菲迪亚斯

菲迪亚斯是古希腊著名的雕塑家、建筑设计师、艺术家。生活在公元前490年至前430年。希波战争中，雅典受到严重的破坏，菲迪亚斯为雅典的重建做出了卓越的贡献。著名的“雅典娜雕像”便出自他的巧手。他最著名的作品是《命运三女神》。

✣残败的帕特农神庙好像时间的遗愿。

捷克

Czech · 品味时光

捷克的艺术气质，会自然而然地和爱情融合——复杂、含混。布拉格的古城广场沉淀下了生命和历史的重量，波希米亚异域风情的狂放以另外一种形式存在着，并深刻地影响着主流生活……

布拉格 Prague

美丽是她的名字

《生命中不能承受之轻》(《布拉格之恋》)让人们知道了昆德拉，知道了捷克，也知道了布拉格。

布拉格，是个充满浓郁艺术气息的城市，但它又非常朴实，让人易于亲近。只是，它向来身处铁幕之内，人们对它缺乏了解，以为它神秘、冷漠，其实，布拉格确实是一个纯朴、保守，但又非常有内涵的城市，就像一个低调的人。

踏进布拉格的那一刻，就感觉到跳动的音符在空中飘扬。街头巷尾，每个角落，都在向你展示音乐的讯息。原来，单单在布拉格，就有100多个歌剧院。每天的上午、下午、晚上，在不同的歌剧院，都有音乐会演出。在布拉格，人们每天最普遍的娱乐活动便是赴音乐欣赏会。这些音乐会，都是演奏大音乐家如莫扎特、贝多芬、威尔第、肖邦等人的作品，水准是世界一流的。

布拉格城堡位于伏尔塔瓦河的丘陵上，已有1000多年历史，60多年来历届总统办公室均设在堡内，所以又称“总统府”。圣维塔大教堂是布拉格城堡最重要的地标，除了本身的建筑特色外，它也是布拉格城堡王室加冕与辞世后长眠之所。走进教堂入口，左侧色彩鲜丽的彩色玻璃就是布拉格著名画家穆哈的作品，为这个有千年历史的教堂增添了不少现代感。过圣坛后方，便是纯银打造、装饰华丽的圣约翰

红瓦片的老镇，总让人想起“夕阳红”，然而它的风情却永远不过时。

城堡是布拉格的主角，也是它的背景，没有城堡，布拉格动人的画面也就少了主题。

之墓。他是1736年的反宗教改革者，因此葬在圣维塔大教堂中，并以纯银华丽的装饰作为纪念。从外观来看，哥特式的圣维塔大教堂有许多经典建筑特色，大门上的拱柱和飞扶壁，都称得上特色。

在布拉格漫游，街道两旁尽是风格各异的建筑，一幢连一幢，流光异彩般从眼前闪过。

布拉格除了沉重的历史印迹外，也充满着时尚的气息。街巷中遍布着不少小店和餐馆，每一家的装饰各不相同。最漂亮、最夺目的是卖水晶的店铺；最可爱的是那些卖木偶的店铺，热情的店老板会教你如何操作它们。女巫造型的木偶，穿着黑麻布袍，戴着尖尖帽，骑着扫帚，本应让人感到恐怖，但这些木偶女巫却一副倒霉相，滑稽极了。蜜月中的情侣们可以在此挑一对可心的木偶娃娃送给对方，它们必将成为此次婚恋之旅的最佳留念。

入夜的布拉格如同一个精灵的城市。旧城广场热闹非凡，在路边的咖啡馆要杯咖啡，就坐在广场的角落里看着夕阳落山。设计独特的天文钟一到整点就会有耶稣十二门徒的木偶轮流出来报时，同时下方的死神还会牵动铜铃，在雄鸡的鸣叫声中结束整个过程。旧式马车穿梭在广场，马蹄撞击着石板路，发出清脆的嘚嘚声；城堡的阁楼里忽明忽暗闪烁的灯火，仿佛故事里的公主会随时出现在窗口；酒馆里嘈杂的音乐和清脆的玻璃杯的碰撞声，让人感到温暖与亲切。此时仿佛置身在中世纪的欧洲，抑或是一个充满爱情魅影的童话世界……

英国

United Kingdom

·淡雅之旅

因为风中摇曳的英格兰玫瑰，因为“日不落”帝国的辉煌历史，因为掩映在树林深处的贵族古堡，因为莎翁笔下的罗密欧与朱丽叶，因为牛津剑桥浓烈的文化氛围，因为《再别康桥》淡淡的哀伤，因为英国绅士的儒雅风度……你对于这里的向往，其实不需要这么多的理由。

伦敦 London

古老恢弘的雾都

如果你厌倦了伦敦，就等于厌倦了生活。

——萨缪尔·杰克逊

常年被雾气缭绕的“雾都”伦敦，历史悠久，聚集了许多一流的博物馆、美术馆和著名建筑，泰晤士河在城中缓缓流过，总是让人产生梦幻般的感觉。

来到伦敦，印象最深刻的就是那浑厚、沉重而铿锵的钟声，每当它响起的时候，好像时光流转，回到了几个世纪以前的英国。伦敦上空的钟声来自泰晤士河畔的大本钟，1859 年，大本钟由当时的英王工务大臣本杰明·霍尔爵士监制，重达 13 吨，耗资 2.7 万英镑。大本钟，是世界上走得最准的钟。高高的钟楼，配着如直插云霄的尖顶，耸立在泰晤士河畔，真是威武。大本钟被视为伦敦的象征，凡是来到伦敦观光的人，几乎都要到钟楼周围转一转，看看这个独具一格的建筑。

伦敦塔桥是从泰晤士河口算起的第一座桥，因此成了伦敦的象征，有“伦敦正门”的美称。这座桥始建于 1886 年，百余年后依然傲然挺立。名为伦敦塔桥，实则是一座吊桥，最初的时候是木制，后改为石桥，现如今是拥有 6 条车道的水泥结构的桥。桥基上建有两座高高耸立

伦敦国会议事堂

夜晚的伦敦塔桥在灯光的装饰下，金碧辉煌，好像在梦中。

伦敦热闹异常的金融交易所。

的方形主塔，五层塔的高度叠加在一起超过 40 米。远远望去，白色的大理石屋顶和五个小塔尖仿佛两顶王冠，使外界对于伦敦的印象又增添了几分华丽。桥身分为上下两层，上层是宽阔的悬空人行道，两侧装有透明玻璃，从桥上通过，可以饱览泰晤士河两岸的秀美风光。下层用来通车，万吨船只通过时，桥身分开向上折起，场面蔚为壮观。塔桥内同时设有楼梯、博物馆、展览厅、商店甚至酒吧，它的功能早已超出了一座桥的范围，若是赶上薄雾萦绕，景色更是一绝。

作为到伦敦的中国人，大英博物馆是一定要去的地方。因为那里的中国馆藏着很多在国内根本见不到的中国古代艺术精品和文物。殷商时期的古币、明清时期的景泰蓝精品、镶珠嵌宝的宫廷用具、史上名人的字画真迹……看着这些古迹，心里总有难忍的痛，虽然随着时间的流逝，仇恨已经消失，但是伤疤依旧在，它就在这里激励着中国人，莫忘耻辱，继续前进。当然，大英博物馆除了中国展品，还有来自世界各地的珍品：埃及木乃伊、沙漠干尸、非洲土著木雕……

白金汉宫是一个足以展示英国古老传统和贵族生活的地

伦敦国家画廊前的喷泉，水的活泼和画廊建筑的肃穆形成反差，然而却更美。

伦敦的大本钟

方，同时也是英国的象征。白金汉宫，真的是一座白色的宫殿。这栋四层楼的正方形大建筑物，内有典礼厅、音乐厅、宴会厅、画廊等600余间厅室。宽敞的御花园和胜利女神金像足以让你领略皇族的华贵和雍容。每天下午三点半左右是白金汉宫守卫换岗的时间，换岗仪式会让你产生浓厚的兴趣——皇宫卫队骑着高头大马，从百米外的营地列队前来，每个人都戴着毛毛的白色高筒帽，一身鲜亮的红色制服上衣，白色紧腿裤，大马靴。换防仪式非常繁琐，但也非常壮观。从某种意义上讲，换岗仪式是了解英国传统的一个重要角度。

对于伦敦，还有一个印象——戴安娜王妃。虽然斯人已去，留下的却是全世界的哭泣。威斯敏斯特大教堂，里面沉睡着美丽的戴安娜王妃，全世界的灰姑娘都曾经羡慕她实现了童话故事，也都曾经为王子的移情别恋而伤心不解。童话故事的现实生活版终于以离婚告终，但是这位灰姑娘的善良、博大依旧在征服着世人的心。教堂门前是一片美丽的绿地，总有人在排队等待进入教堂，参观缅怀。由此，圣保罗大教堂也成了旅英必去之地。

圣保罗大教堂位于泰晤士河北岸纽盖特街与纽钱吉街的交角处，是典型的巴洛克风格中的杰出代表。它闻名于世的原因有两点，一是其壮观的圆形屋顶，二是它是世界上第二大圆顶教堂，同时也是英国古典主义建筑的典范。几乎没有人能够忘记，1981 年，戴安娜王妃与查尔斯王子的婚礼大典在这里举行。圣保罗大教堂凭借优雅的设计、完美的造型、静谧的氛围、安详的姿态，为美丽的戴安娜王妃献上了最诚挚的新婚祝福。走进教堂，触摸着具有厚重感的大门，望着教堂内部空旷的屋顶和彩画玻璃，顿时觉得时光逆转，一下回到了古代欧洲，将华丽、古典、庄严、宏大无所不能地涵盖其中。

走出圣保罗大教堂，步入特拉法尔加广场。1804 年 5 月，拿破仑执政后迫使西班牙一同渡海进攻英国。广场便是为了纪念著名的特拉法尔加海港战而修建的。1805 年 10 月 21 日，英国海军上将纳尔逊指挥的英国舰队与法国、西班牙联合舰队展开了海上激战，英国舰队以少胜多，使法、西遭遇重创，以惨败告终。不幸的是，在海战胜利结束时，纳尔逊上将被法国"恐怖号"流弹击中，最后英勇牺牲。英国人为了纪念这个为大英帝国立下不朽功勋的军人，特此修建了这个广场。每年的 10 月 21 日，总是有许多人手持鲜花来到广场，悼念的同时，为整个英国祈祷。

伦敦生就一副与众不同的气质，无论怎样，都无法用只字片语来向世人述说它的不同之处，就像是莎翁的《哈姆雷特》，不同的人看了会有不同的印象。然而，只要你翻开伦敦的第一页，便一定会被第二页、第三页所吸引，不断翻阅，直至将整个城市刻在脑海中。

伦敦是一座历史悠久的老城，但是站在这个名为"伦敦眼"的摩天巨轮下时，它向你展示的却是时尚。

诺丁山

诺丁山位于伦敦西郊附近，这里充满了异国情调。诺丁山每年夏天都会举办狂欢节，吸引来自世界各地的游客。在这里，各色人种齐聚一堂，无论身份背景，即使是有极大差异的两个人也能相互吸引。所以，人们经常会期待在诺丁山遇到属于自己那份独一无二的爱情。

剑桥的国王学院

剑桥 Cambridge

云淡风轻的爱情地

轻轻的我走了/正如我轻轻的来/我轻轻的招手/作别西天的云彩/

那河畔的金柳/是夕阳中的新娘/波光里的艳影/在我的心头荡漾/

……

徐志摩的这首《再别康桥》不知揉碎了多少情侣的心，来到英国自然不能错过与徐志摩一起沉醉于“康桥”（剑桥）的柔波里，体会云淡风轻的爱情。

春季是剑桥最美的季节。路旁是一排排苍翠撩云的大树和一树树白色、淡紫色的樱花。在阳光的拂照下，显得生机勃勃。剑河边上，垂柳成荫，丛林拥翠，衬托着剑河的一泓碧水，当年的徐志摩就是在这样的风景里，写下了《再别康桥》。

那么剑河上哪一座桥是徐志摩的“康桥”呢？寻找徐志摩的“康桥”不仅成了情侣们的一个有趣旅行，更成了剑桥的一

剑桥大学的参议院，每一届剑桥的校长都是在这里选举产生的。

个经典。来此度蜜月的情侣有的甚至捧着徐志摩的诗，穿梭在剑河上那一座座充满灵性的桥间，看看哪座桥边垂着“河畔的金柳”，又看看哪片水域里“软泥上的青荇，在水底招摇”。其实，不论哪里都好，在剑河的水上游过，总能生出诗人的情怀。

那河畔的金柳，是夕阳中的新娘。

在剑桥，很多人都把圣约翰学院那座叹息桥看做徐志摩的“康桥”。圣约翰学院的这座叹息桥又称失意桥，因在以往的很多年间，圣约翰的许多考试不及格的学生纷纷从桥上跳进剑河自尽。那些失恋者也喜欢来桥上叹息，想不通时便一头栽进河里。后来圣约翰学院专门请人将这座桥四周封了起来，就像一座“廊桥”。似乎只有这样的风景、这样的失意、这样的“廊桥”，徐志摩才会抒发出内心的情感失意，才会生出那份对自己的怅然的忧伤。

到剑桥，一定要造访三一学院。三一教堂的名人堂，摆放着六尊石雕像——牛顿、培根、巴罗、麦考莱、魏伟尔和丁尼生，他们不仅是三一的骄傲，也是世界的骄傲。站在他们的面前，会有一种想哭的感觉，不为逝去，只为心中油然而生的敬意。

要想真正体会剑桥学院的真谛，一定要去参加两项活动：学院的会餐和学院教堂的礼拜。剑桥的每个学院都会在不同的时间举办各种会餐，这是剑桥的传统。会餐时院长不但要出席，而且还要用拉丁文带领参加会餐的学生诵吟《圣经》。那种缓慢的、深入灵魂的吟咏，像是阳光冲破乌云带给大地的光明与温暖。国王学院大教堂的礼拜是最有代表性的。英国每年的新年唱诗会都安排在这里，并向全世界转播。

欣赏了剑桥的风景之后，到剑桥的果园里喝杯下午茶是再惬意不过的事了。穿过那条著名的格兰彻斯特乡间小路，很快就到达了这个世外桃源，木制的躺椅和小桌懒散地点缀在果树花丛间。这里给你的不仅是一壶伯爵茶和几块爱尔兰小饼，更是惬意的，是灵魂深处的悸动。

雅思

雅思：国际英语语言测试系统，英文缩写为IELTS，它是由英国文化协会、剑桥大学考试委员会和澳大利亚教育国际开发署共同举办的国际英语水平测试。此项考试为申请赴英语国家留学、移民的非英语国家学生专门设定，用来评定考生运用英语的能力。满分为9分，成绩有效期为两年。

英格兰湖区

The Lake District

捕 捉 灵 感 的 天 堂

有一种神奇的力量，它可以使人变得宁静，在这种宁静中，他们享受着与自然愉悦的交谈、与思想亲切的握手。捕捉它的瞬间也许会跌倒，重新爬起的时候也许会慌乱，然而就在重新启程的刹那，有人看到，他们的灵魂熠熠生辉。

如果不是亲眼看到，也许没人会相信，原来一个诗人的诞生，也和植物一样，需要充足的阳光、空气和土壤。这里是美丽的英格兰湖区，这里就是传说中艺术家们捕捉灵感的天堂。

很久以前，英格兰湖区只是个名不见经传的地方。然而伴随着人们对于“湖畔派”诗人华兹华斯的崇尚和热爱，英格兰湖区随之跳入人们的视线。海明威曾对西班牙潘普洛纳情有独钟，画家们曾对大溪地爱戴备至，梭罗曾对瓦尔登湖疼爱有加……不知究竟是人物成就了地域，还是地域造就了人物。

湖区的小小港口

车子一路辗转，在众多英格兰小镇中疾速穿越。视线中不断呈现出风格雷同的建筑：相同的房屋、相同的街道、相同的商铺……多希望能有什么别致的风景可以享阅，而恰恰在这样的时候，湖区景观垂入眼帘。

一片又一片连绵的山峦衬托着眼前整齐有序的农田，所有水色，都是让人惊艳的蔚蓝。渐行之处，清澈的小溪温柔细腻，悦

耳的水流声牵曳着房屋飘出的炊烟，鼻子中不自觉地吸入山林自然清新的空气，整幅画面，让感官充满了欣喜与愉悦。

海用它的色彩和歌声愉悦了多少人？

有人说，湖区是整个英格兰人最引以为傲的风景，这50千米见方的山区，共有16个大小不等的湖泊。英格兰湖区经常被人们亲切地称做诗人湖区，“湖畔派”诗人的事迹，更是被人广为传颂。相传，华兹华斯出身律师家庭，与柯尔律治等同被称做“湖畔派”诗人的领军人物，他开创了英国文学史上的浪漫主义时代。他一生都居住在英格兰北部的格拉斯米尔湖区，无论晴天或阴雨，他都会在湖边散步，在秀美的风景中捕捉灵感，为思想插上飞翔的羽翼。他是一位多产作家，《抒情歌谣集》中，每一个字都悠然典雅，却隐含着强烈的感情，一如他散步的湖泊——格拉斯米尔湖。

华兹华斯拥有一双与众不同的眼睛，他的瞳孔中，印着湖区的整片风景。那个久远的年代，也许人们对于自然的欣赏还只停留在普通的认识之上，可是华兹华斯却为人们打开了一扇窗，窗外，彩蝶飞舞，花朵芬芳。

在50千米见方的山区内，想要一览格拉斯米尔湖区的容颜，需要小费一番周折。整个行程从这个山间青年旅馆开始，正式进入倒计时。

青年旅馆距离格拉斯米尔湖有1000多米的山路，徒步是

如果它没有名字，我们可以叫它“云的召唤”。

碎石垒砌的乡间小桥，全身都泛着粗犷之美。

最佳的穿越方式，沿途可以看到开满小野花的草地和朴素的英格兰农民，可以真切地投入这片孕育诗人的大自然。

悉心观察这个山间旅馆，它似乎也沾上了湖区的灵气，浅浅的青苔爬满石墙，别致的烟囱里不时地飘出袅袅青烟。夜幕降临，偶尔会透过房间的窗户看到外面像甲壳虫一样开着探照灯的汽车徐徐爬过山路，之后，湖区再次进入深度睡眠。

有人比喻说，如果英格兰高原是一道主菜，那么英格兰湖区就是主菜后的甜点，一个让人轻松的小品文。这样的比喻，实在贴切。

格拉斯米尔是甜点中最特别的一品，它是一个小湖的名字。同时，这里还是诗人华兹华斯的故居。眼前的湖区与当年华兹华斯散步的地方别无二样，平静依然，美好依旧，没有任何后期加工与装饰过的痕迹。的确，湖区的美丽也许不能称为举世无双，但其天然归真的姿色却实属上乘。

乔治·吉辛在他的《四季随笔》中写道：

如果国外来的陌生客人要我指出英国最值得观看的东西，我首先要考虑他的智力。

如果他是普通水平的人，我可以向他指出大伦敦、“黑乡”、南兰开夏郡，以及可以显示我国文明其他方面的地区，使他惊奇与羡慕。

如果他是一个有脑筋的人，我乐于带他到中部或西部地区看看古代村落。它们距离火车站有些路程，在外表上还没有受到我们时代较为下贱的倾向的影响。在这里，我可以告诉他，他看的一些东西，只有在英国才可以看到……

英格兰与苏格兰的区别

英格兰人主要是盎格鲁-撒克逊人。苏格兰人主要是凯尔特人，苏格兰的名字来自一支叫苏格底的部落。尽管两个地区现已合并，但是苏格兰依旧保持着较多的传统，以区别英格兰，例如高地步兵团的仪式制服依旧是苏格兰裙。

但凡来到湖区观光的游客，大多会选择温德米尔湖，然而与它的热闹繁华比起来，格拉斯米尔湖更显出一份悠然静谧的气息。行走在湖边，可以看到大大小小样式不一的帆船。柔和的风吹过湖面，仿佛一剂宽慰人心的良药，瞬间便让人们的内心安静下来，顿时间，湖区上空仿佛只剩下人们的呼吸声以及空气轻轻流动的声音。

踏上湖边那个用根根原木搭建起的小小码头，一直走向湖水中心，如临仙境。周围是环抱着的青山碧水，头顶是广阔湛蓝的天，阳光穿透低低的云层照射至湖面……闭上眼睛，我们听听华兹华斯的忧郁的歌唱吧：

《水仙花》

我好似一朵孤独的流云
在山丘和谷地上高高地飘荡
忽然间
我看见一群金黄色的水仙花迎春开放
在树荫下 在湖水边
它们随风嬉戏 随风波荡
连绵不绝 如繁星般灿烂在银河中闪闪发光
它们沿着湖湾的边缘
延伸成无穷无尽的一行
……

这种蓝色的静，谁见了心里不会颤栗？

❖斯科特纪念碑

爱丁堡 Edinburgh

勇　敢　者　的　震　颤　之　地

《勇敢的心》是最让人震撼的电影作品之一。几乎所有的观众，都会被那惊天动地的爱情深深感染，被悠扬的苏格兰风笛声感染，被苏格兰人民抗击侵略者的勇气所震撼。这一切都在爱丁堡。

爱丁堡素有“北方雅典”之称，是苏格兰的首府，也是英国最美丽的城市之一。爱丁堡这个名字源于苏格兰语，意思是斜坡上的城堡，想来这个地名应该是和爱丁堡城堡有关的，因为它就位于斜坡的最高处。爱丁堡城堡与爱丁堡的关系就好像长城与中国的关系，都承载着历史的厚重——6世纪时，爱丁堡城堡便成为皇室的堡垒。1093年，玛格丽特女王逝于此地，此后爱丁堡城堡就成为重要的皇家住所和国家行政中心，直至中古世纪，一直是英国最重要的皇室城堡之一。16世纪初，荷里路德宫的建成取代了爱丁堡城堡，成为皇室的主要住所。

❖从卡尔顿山俯瞰爱丁堡的黄昏。

每年 8 月的艺术节在此举办的军乐队分列式，更是把爱丁堡城堡庄重雄伟的气质表露无遗。从城堡出来，大门正对的一条直直的下坡路便是皇家大道，这条皇家大道从爱丁堡城堡一直延伸到荷里路德宫，两边林立着教堂、苏格兰议会大厅、苏格兰最高法院等一些象征着权力和威信的建筑，“皇家一英里”也成了爱丁堡的经典象征。如今，整条路的两边满是出售各式各

样的纪念品以及苏格兰羊毛制品的小商店，还有几家苏格兰威士忌店，这里不但有各种品牌、年份的苏格兰威士忌，还有漂亮的酒壶，豪爽大方的苏格兰店主经常会拿出几瓶好酒请远道而来的客人品尝，这里随处都能感受到苏格兰人民的热情、豪爽。

爱丁堡城堡

有着多重历史背景的荷里路德宫是爱丁堡另一处具有代表性的地方。这个宫殿，作为英国女王来到苏格兰的皇室住所，至今仍在使用。荷里路德宫是由詹姆斯五世于 1498 年筹建的，不过宫殿的前身是荷里路德修道院。据说苏格兰国王大卫一世到爱丁堡西南方的森林狩猎时遭到了一只狂暴的野鹿的攻击，一番搏斗后他死里逃生，事后他便建造了荷里路德修道院来感谢神的眷顾。之后詹姆斯五世兴建宫殿，而现在的荷里路德公园就是当初那片广大森林的一部分。荷里路德宫在历史上也和许多重要的事件息息相关。13 世纪名盛一时的苏格兰玛丽女王，这位号称当时最美丽的女人，15 岁时嫁给了法国王室，19 岁时，由于丈夫去世又回到苏格兰，在民众的拥戴下登上王位，但却被控谋杀第二任丈夫。在三度结婚后不久，玛丽女王在宫廷叛变中失掉王位被迫逃往英格兰，被囚禁 19 年后因图谋英格兰王位最终被处死。虽然对于这位女王，后人褒贬不一，但她身上却体现了苏格兰精神中的刚毅、执著、不屈不挠。

在爱丁堡有多少历史，就有多少的震撼，当你从爱丁堡走出的时候，也许你的心中不只有《勇敢的心》，不只有苏格兰裙，不只有苏格兰的奋斗，还有一种向上的情绪，在心中蔓延。

Chapter-3

大洋洲阳光之旅

·去神奇大陆寻找神奇

Oceania

斐济

Fiji · 世外桃源

斐济是一个具有传奇色彩的国家，先是被西方人贬为野蛮的“食人岛”，后来又被西方人认为是世外桃源，接着挤进“全球十大蜜月胜地”的行列。斐济的前世今生，起落之大，让人感叹，然而一切均源于令人惊叹的美……

塔妙妮岛

Taveuni Levu

在“天堂”度假

不知从何时起，人们开始留恋自然与本色，开始想念纯朴和善良。也许，在奢华之外，在物质之外，还有一些东西，它们像胎记一般深深地附着在我们灵魂的皮肤上……

斐济是这样一个地方，东方人叫它“世外桃源”，西方人称它为“天堂”。一直以来，人们在不断的追求中摸索，抛弃猎奇，丢掉繁华，最终选择了返璞归真。这似乎是因为，返璞归真中孕育着自然和善良，而这两个词，恰恰是现代人在疾速前行的途中不经意遗失的。如果这世上真有人鱼的存在，那么它也一定会选择在斐济的海底繁衍、生长。

在电影《蓝色珊瑚礁》中，人们认识了它，并深深地爱上了它。它有着别致的名字——塔妙妮。作为斐济的第三大岛，它就像是一座被精心耕耘过的花园，因为备受人们宠爱，所以有了另外一个称呼——花园之岛。

塔妙妮岛从未经过过度开发，所以保留着本地特色的原味海滩，岛上民风纯朴，碧海蓝天之间，一切都充满原始的味道。这里是释放压力、抛弃烦恼的绝佳地点，只有在这里，人们才有机会享受一个与自然为伴的特别假期。

享受假期的第一项便是潜水。在塔妙妮岛，花园岛酒店外的海域拥有着举世闻名的彩虹礁，这里是整个斐济最多彩的潜水区域，“大白墙”、“蓝带鳗鲡礁”以及“安妮珊瑚礁”都是其中颇为出名的潜水地点。不妨来次真实的水下旅行，将自己真正投入大海的怀抱。另外，在索莫海峡的海平面以下，还能看到快速流动的洋流，亲身感受那些洋流如何喂养着整片水域巨大而柔软的珊瑚群。

同时，塔妙妮岛东岸的威塔布海洋保护区也是潜水不容错过的好地方，这里有堪称地球同类中最优良的柔软珊瑚。难怪潜水者曾留下这样的感慨：这里简直是潜水者的天堂，当你看到无数鱼儿在你身边像上演歌舞剧般整齐地舞蹈，当你看到五颜六色的生命在你身边往来穿梭，当你看到形态各异的珊瑚竞相怒放，你会感受到另外一个自己和另外一个与众不同的世界！

在塔妙妮岛，像这样美丽精致的鱼虽然多，却个个都让人见了就惊叹，就心生喜爱。

除了水下世界，塔妙妮岛上的自然风景也同样令人心动。享受，从拉维纳海岸漫步开始。在整个行走的过程中，既能看到当地居民在小海湾中捕鱼的快乐情景，又能触摸山中岩层上巨大的火山石，更能领略威纳布瀑布群飞流直下时的美丽壮观……

最值得称赞的是，在塔妙妮岛北端的崴里奇，人们可以体验到“驾驭时间”的快乐。崴里奇是一座古老的天主教堂，在教堂中设有子午线进入点的牌子，人们可以在秋分太阳直射南回归线的时候最早看到初升的太阳。当然，如果愿意，也可以一只脚站在“昨天”，一只脚站在“今天”，留下此生中最不可思议的“历史时刻”。

越来越多的事物逐渐被繁华湮没而失去原有的色彩，这样的时候，那些简单而明媚的美好便显得尤为珍贵。

斐济第一村

The first village in Fiji

神奇的“天堂”体验

这个土著人长得眉清目秀，四肢挺直又结实，他五官端正，面目一点也不狰狞可憎，具有欧洲人那种和蔼可亲的样子，这种温柔亲切的样子在他微笑的时候表现得更为明显。他没有脾气，性格开朗，不怀鬼胎，对我又顺从又热心。

——《鲁宾逊漂流记》

对于土著人的印象，一直停留在英国小说家笛福生动刻画出来的“星期五”，然而在斐济的村庄，无数个“星期五”可能同时跳入人们视线，着实吓人一跳。缓过神来的时候，不由得一阵哈哈大笑。

以美丽著称的南太平洋岛国斐济，除了天堂般的秀丽风光，其独特的风俗和神秘的气息也一直是人们喜爱这里的原因。如果你的目的地选择在维塞塞村，那么一定要多加“提防”，若是戴着帽子进村或无意中抚摸到小孩子的头，除非能在瞬间进入时空隧道逃离现场，否则将“小命难保”。

维塞塞村被称为“斐济第一村”，因为现任总统约瑟法·伊洛伊洛就来自于这里。进村前，一定记得摘下帽子，也一定要记得不要摸小孩子的头，按照当地的习俗，摸别人头就是对他人最大的羞辱。

这天然的秋千一定给人不一般的享受。

当地人专门为游客制作的纪念品。

如果说这里是天堂，那么这些精致奇艳的鱼则是它的主人。

在斐济，人们经常不自觉地感叹：神仙过的生活也不过如此。吹着清凉的海风，坐在高耸入云的椰林下乘凉，望着远方银白色的沙滩和湛蓝的海水，心情顿时像天空般晴朗。

除了斐济的碧海蓝天，这里的花团树影也是秀丽景色中令人赞叹的一部分，但更令人赞叹的是，这里的男女老少似乎都喜欢戴花。其实，在这里，戴花有着特别的意义。比如，将花戴在头部的左边表示未婚，戴在右边则表示已婚。如果你恰好也是单身，可以悉心留意下左边戴花的村民哦，也许一段跨国恋就此展开，也许可以有机会一辈子生活在这个人间天堂呢！

如果先来苏格兰再来这里，也许会觉得习以为常，不然，面对街上随处可见的穿着大花衬衣和毛料齐膝裙子的男人，一定会让人大跌眼镜。其实，这种裙子是当地男人们的家居服，叫做“solo”。如果这能引起你的兴趣，不妨去趟苏瓦岛，在那里，高大威猛的男警察都穿着“solo”指挥交通。不过，也许那里的女警察们会让人不免有些失望，因为她们穿着的是清一色裤装，远远没有男警察那样“美丽动人”。

除此之外，这里还是个蜜月胜地。想想看，美丽的新娘伴着帅气的新郎，在“星期五”们的欢呼声中结为一生的伴侣，这样富有异国情调的浪漫，足以打动任何人。难怪小甜甜布兰妮就选择在这里颈挂花环和新郎一起开始甜蜜的新婚。

新西兰

New Zealand

·梦幻之地

如果世间真有那样的地方，一定是人间天堂。新西兰的美丽就像它的名字，只看一眼、只听一次便让人隔世难忘。人世间最美丽的湖泊，最旖旎的景色也不及它的一半，恍惚间，好似中土世界浮出水面……

皇后镇 Queenstown

女王的姿态

她性格鲜明、秉性真挚，她忠于职守，她有羡煞旁人的才气。她一手为工作忙碌，一手为家务操劳，她忠于丈夫更疼爱子女……她的名字象征着一个时代，她就是伟大的维多利亚女王。从“她时代”开始，英国的生活方式逐渐被各国人民追逐效仿，不仅因为这个尊贵的民族，更因为这位杰出的女王。

无论是一朵绚烂盛放的野花，还是一株安静生长的盆栽，只要生长在这片土地上，它终究会成为旅人眼中最为娇艳的风景，它们时刻为小镇的美而竭尽全力，甚至倾其一生。如果你从未迈出脚步，那么请把这里作为最后一站旅程，因为，与皇后镇相比，任何华丽的辞藻都会瞬间显得黯然失色。

这里是皇后镇，美丽的名字来自于维多利亚女王，它在新西兰的瓦卡蒂波湖北岸，被南阿尔卑斯山脉亲切地环绕。无论是春天的碧波微荡还是夏天的蓝天艳阳，无论是秋天的缤纷多彩还是冬天的白雪皑皑，这里，永远美丽得像一处梦中风景。壮丽的山脉上覆盖着白

皇后镇安静的宅第和花园。

雪，从皇后镇到山顶，整个途中景致浪漫得让人心碎，浪漫得一塌糊涂。

这两座典雅的石雕，就像是迎接时间的到来，矗立千年。

这个风景秀丽的小山镇，虽然只有不到一万的人口，却每年平均接待150多万的游客，人们热爱这个隐藏在山谷中的仙境，每每踏上这片土地，总是流连忘返。

在皇后镇，最热闹的街道便是莫尔大道。街道由湖岸一路延伸至山区，两旁林立各式商店与餐厅，人们悠哉地闲逛在这里，为整个行程预热。与莫尔大道类似的还有坎普街和利斯街，都供游客徒步旅行。黄昏时分，晚霞将小镇周围的山峰染成金黄，在冥冥暮色中沿着瓦卡蒂波湖闲散地踱着步，或者停下来，在旁边充满浪漫气息的咖啡馆喝上一杯热拿铁，心情会不由自主地随着轻轻流淌的音乐翩翩起舞。

在皇后镇市区一路行走，满眼是高耸参天的白杨树。这里充满了异国情调，尤其街道上的人，似乎永远是活力充沛、整装待发的样子。的确，了解户外运动的人似乎都很清楚皇后镇的历史，这里是户外运动的起源地之一。而他们的目的也异常明确，那便是——向勇敢发起挑战！

印象中，鱼和熊掌总是不可兼得，然而在皇后镇，在浪漫温馨的视觉享受的同时更有着惊险刺激的感官刺激。若想了解在皇后镇正流行些什么活动的话，到修沙特佛街便能拨开云雾。整条街道上，随处可见激流泛舟、高空弹跳、滑雪活动等商店，各个商店门前都人头攒动，许多人往来如梭。

皇后镇是世界极限运动——蹦极的发祥地。在这里，不同高度、不同方式的高空弹跳供人们选择。35米、72米还是

105 米？在嶙峋的怪石之上，在幽幽的河谷之间，来吧，看谁才是真正的英雄！跃下的刹那，重力加速度为感官带来的巨大冲击，绝对会牢牢地烙在你的脑海里。如果选择夜间弹跳更是不得了，纵身一跃，投入黑漆峡谷的怀抱，加倍的刺激绝对会连你自己也难以相信。

除了蹦极，在皇后镇最热门的活动还有激流泛舟。在湍急的河川中泛着小舟顺水势冲下，沿途饱览难得一见的原始丛林，在湍流的转弯处溅起一身冰凉的水珠，感觉就好像在大自然的脉搏上起舞，惊险而刺激。

真的勇士，除了蹦极和激流泛舟，一定要尝试的还有喷射快艇。新西兰是喷射快艇的发源地，而皇后镇更是将这个活动项目发挥到了极致。乘上快艇，将身体与快艇融为一体，在空气的激流中疾速穿梭于陡峭的高山与嶙峋的峡谷，这种惊心动魄的感觉，想不吓出一身冷汗都难。然而，喷射快艇在皇后镇已经有超过 20 多年的历史，如果是户外运动的爱好者，这种驾驭风向的超速快感着实让人体验到冒险的趣味。

雪上摩托车、热气球、滑雪、登山……这便是皇后镇的另一张面孔。坚毅且勇

平整的绿茵与蓝空相互映照。

敢，一如女王般的优秀特质。

皇后镇是名副其实的旅游胜地，然而，它最初的闻名于世确是因为另一样东西——黄金。相传在1862年，有两个剪羊毛的人在沙特瓦河边掘到金子，一夜暴富。之后，淘金热就此在皇后镇掀起。

“箭镇”，与皇后镇比邻的一个镇子，因为留有中国人在新西兰淘金的遗迹——中国村，也成了人们来这里观光的必行之处。

箭镇隐藏在山坳的密林中，人迹罕至，幽静至极。在箭河的岸边可以看到几间破败的小木屋，有围栏围着，与不远处的豪华别墅对比，反差异常强烈。18世纪早期，华人来新西兰淘金时就住在这里——破烂的木屋与十几米的砖房，他们从不参加其他淘金者酗酒、赌博、嫖娼等活动，想把挣下的血汗钱带回国，时刻准备着“衣锦还乡、光宗耀祖”，然而这样的想法却被当地的统治者视为异类，遭到各种欺凌与迫害。新西兰华人社团因为此事与当地政府进行了长期的斗争与交涉，终于在20世纪初，克拉克当选总统后，新西兰政府向全体华人致歉。从此以后，这里成为著名的遗址景点，供人们参观纪念的同时，更诉说着一段洗雪屈辱的爱国史。

皇后镇就是这样的一个地方，如果你以为美貌是它的全部姿态，那就错了。这只是一个开始，随着对于皇后镇的逐渐了解和感知，你会发现，除了群山的环绕、天空的湛蓝以及那些清新的不大真实的空气，每一次深入，都会有一个更为绝妙的去处在等待着你，等待着被你发掘。

彩虹泉农庄

Rainbow Springs

与自然的肌肤之亲

毛利人相信，当彩虹出现在泉水上方时，便是上帝从天堂降临人间，伟大而仁慈的上帝拯救这里所有的人类和动物，使美丽的农庄恢复往昔的繁荣、昌盛与富饶。

从高空向下俯视，一幅酷似月球的场面映入眼帘：神秘的雾气笼罩下，滚滚的喷泉、跳动的泥浆以及不停冒着青烟的地孔……令人意外的是，就在这样一个地方，不但有人类居住，更有特殊物种定居，在这里，人与自然巧妙共生。这里是彩虹泉农庄，它让当地古老而神秘的毛利族时刻引以为豪。

罗托鲁亚市位于新西兰北岛中部，这里的地热奇观享誉全世界，最著名的是彩虹泉农庄。千万别小看这个农庄，在当地人看来，彩虹泉是整个新西兰牧场的缩影，有着非比寻常的意义。在这里，可以看到平日难得一见的彩虹，可以亲眼目睹各种濒危物种，在领略沸腾泥浆池和彩色梯田的同时，与大自然的神奇造化来个最甜蜜的“吻”，这样丰富且细腻的微妙体验，恐怕只此一遭。

草地上的牛犊

清澈的泉水是上帝在人间的居所。彩虹出现，上帝莅临。这样美丽的传说，更加孕育了泉水在当地毛利居民心中根深蒂固的美好形象。

彩虹泉自然公园中，每天都有超过200万升的纯净水从地下涌出。有趣的是，这些水其实是由50年前的雨水积聚而成，雨水滴落至火山，渗入岩缝和周围的土地，最后浮现出的竟然是纯净无瑕的矿泉水。

彩虹就像一座浪漫的梦幻之桥，牵动着每个人心中的温暖和幸福。

彩虹鳟鱼

这里的土地好像是一个巨大的魔术滤斗，让人感慨万千。

彩虹鳟鱼在彩虹泉的湖泊水流中游来游去的曼妙身姿也会让人心生爱怜。另外，在这个原生态的大农庄中，一种神奇的鸟类不得不提——奇异鸟。每当新西兰人提到这种用嘴巴睡觉的奇异鸟，口气中总是夹杂着无比的怜爱，就好像在说着邻居家喜欢捣鬼的小调皮。关于奇异鸟的故事在这片神奇的土地上广为流传：它会半夜里偷偷钻进主人的窗户趁着人们熟睡的时候悄悄带走钥匙；它是个大近视，即使是在白天也会走着走着撞到路边的篱笆；它是跑步冠军却有着暴躁的脾气，一脚就能把同伴踢到10多厘米之外……奇异鸟作为新西兰最珍贵的鸟类，永远让人们惊奇和赞叹。彩虹泉农庄作为新西兰最为卓越的保护奇异鸟的机构之一，经常开展各式各样的主题活动。

走累了？到树荫下喝杯咖啡吧！伸伸懒腰抖擞下精神，欣赏着四周清新自然的风光，呼吸着彩虹泉让人备觉快乐的空气，这样高雅和纯洁的享受，恐怕早已陶醉其中……

澳大利亚

Australia·绿野仙踪

蔚蓝的天空、明媚的阳光、迷人的海岸线、翠绿的草坪、五彩缤纷的野花……大自然的诱惑让人无法抵挡。如果说德国是一座充满童话的神秘花园，那么澳大利亚就是天然的草原牧场。据说在澳大利亚的郊外，很少见到人，所见之处尽是一望无际的草原和成群的白羊。

大堡礁

Great Barrier Reef

深 色 浪 漫 之 地

当然，你可以在这儿做一些自己想做的事情，如举办一场特别的海上婚礼，或者体会一下海底色彩斑斓的生活，让深情的海洋见证自己的快乐与浪漫情怀……

在澳大利亚东部海岸线上，有一块当地人引以为傲的地方——大堡礁。这个由2900多个独立的珊瑚礁组成的深色海洋，北起约克角，南至邦德堡，几乎贯穿澳洲昆士兰州的整个东部海岸线，绵延2011千米。

这里星罗棋布的热带岛屿，风光明媚；明朗的气候、美丽的珊瑚、原始的礁岩、纯白的沙滩、活跃的海洋生物与种种活动，吸引了众多行者前往一睹风采。大堡礁上的岛屿有的露出海面几米或几百米，岛上绿意盎然，缤纷媚态，热带风情，艳丽明媚；有的半隐半现，形态奇异，意境美妙，诗情画意，想象无限；有的隐在海中，千奇百怪，五颜六色，珊瑚和鱼儿共舞，充满浪漫色彩。

大堡礁以海洋学上的重要地位而闻名，当然，对于热爱大海的人们来说，大堡礁是个充满浪漫、幻想的地方。在众多的礁群中，色彩斑斓的珊瑚礁有红色的、粉色的、绿色的、紫色的、黄色的，其形态有鹿角形、灵芝形、荷叶形、

缤纷多彩的大眼鲷

海草形，构成一幅千姿百态的海底景观。而且在这里还生活着大约1500种热带海洋生物，海蜇、管虫、海绵、海胆、海葵、海龟，以及蝴蝶鱼、天使鱼、鹦鹉鱼等各种热带观赏鱼争奇斗艳。

然而，在人的视野里，大堡礁似乎只有两种颜色：绿色地面、棕色群鸟。一望下去就会觉得这里是鸟的家园、鸟的天地，是个不属于人类的地方，好像你只有下海的权利。其实，大堡礁真正的乐趣也就在于潜水，即便你是旱鸭子也是可以潜水的，因为有专门的教练为你进行辅导练习。

大堡礁的海底有着与陆地迥然不同的景象，下水的人往往都会兴奋得难以自抑。蔚蓝色的海底世界透着温暖而朦胧的阳光，各种热带鱼类在这样朦胧的光线下呈现出无数种绚烂的颜色，这颜色又在水波的荡漾中飘忽闪烁，如同一朵朵凝固的焰火在混沌的世界里悠游不定。一簇簇的珊瑚礁盘踞在神秘的海底，或者奇异的树立，或者层叠如凝固的云彩。那些奇形怪状的鱼儿全然不把潜水而来的访问者放在眼里，一条条、一群群从人们身边游过，生活丝毫没有受到打扰，仿佛这些来访者根本就不存在。

坐在这里享受一份海洋的宁静。

这里被人们称为“深色浪漫之地”。

海水是沉静的，沉静得只有气泡翻腾，而各种各样的鱼围绕在身边，神态安然，伸出手，摸摸滑溜溜的鱼儿，那种感觉奇妙得难以言喻，就如同来到了海底的天堂世界，一切见闻、一切经历都与日常截然不同。这就是大堡礁乐趣。

在这多彩的大堡礁，你还可以乘坐双层双底的玻璃底船，近距离地接触珊瑚礁，千姿百态的珊瑚、五彩缤纷的热带鱼、美丽的海螺、硕大的海参……自由地游弋，丝毫也不以为意的神态，仿佛你也是一条自由自在的鱼……

湖中的黑天鹅

墨尔本 Melbourne

优雅漫步在墨尔本

如果说悉尼是南太平洋沿岸上的“纽约”，那墨尔本就是阳光下的“伦敦”，让你在安谧、心旷神怡的环境下，忆起曾经最甜蜜的过往……

墨尔本是维多利亚州首府，也是澳大利亚第二大城市。由于整座城市都孕育在亚拉河两岸温柔的怀抱里，墨尔本也沾染了亚拉河的温柔，它优雅地迈着脚步，静静地在亚拉河旁漫步。

来到墨尔本，你也会无形地受到优雅的感染。墨尔本处处可见的大小公园绿地，繁华似锦的公园——皇家植物园、费兹罗花园、柯莫花园、皇家大道、佛莱明顿路、凯达路……花团锦簇与绿草如茵。来到这里，谁都会忍不住就放慢脚步，心境自然平静、淡然，一股优雅的气质悠然而生了。

对于时尚而自由的澳大利亚人来说，泡个温泉是再合适不过的休息方法了。因此，到墨尔本，赫本温泉度假村绝不容错过。或许赫本温泉度假村与世界其他国家的温泉度假村一样，拥有着天然的温泉水区，提供着附有精华油和特殊泥的私人浴室……但在其他温泉度假村，却绝对找不到赫本温泉的小屋。

墨尔本的海岸：海水那样充盈，被剥蚀的石头却那样简练。

那是19世纪的维多利亚木屋，在充满古风的屋里，有精致的摆设，宽大而舒适的家具，洋溢着往昔的温馨。

当疲惫的夕阳，收回最后一缕光热的时候，你可在漾着花香的浴池中，消解一天的疲劳，任淡淡的花香带你去你想要去的地方。或者在小屋后的露天烤台上，自己动手制作一份让人食欲大开的烧烤啤酒餐，在星空下的花香里，与爱人享受这淡然的美丽。

在墨尔本，除了殷殷的繁花、茵茵的绿草，还有各种艺术展和表演活动，全年几乎不间断地有画展和各种艺术品展览，及歌剧、古典与现代芭蕾、交响乐、爵士乐、摇滚乐等表演活动。漫步在亚拉河畔，不是经意，只是漫不经心的他乡偶遇，一场精彩绝伦的歌剧，一次独具特色的画展，或许就会给你的人生中，注入不同的浪漫。

事实上，墨尔本不只是静静的温柔，由于气候适中且四季分明，墨尔本又成了一个适合各种运动、动感十足的城市。为了给那些动感十足的行者们，提供更深刻的旅行印象，墨尔本每年都举行墨尔本杯赛马。这是澳洲最重要的赛马活动，到了最后总决赛的关头，全澳洲人都暂停3分半钟，同时也吸引了全球大约3.5亿人收看这一精彩时刻。

总之，墨尔本是一个充满欢乐与惊喜的迷人城市。这里大约有1/4的海外移民人口，使得墨尔本成了一个各国文化的大熔炉，还形成了一种融合欧洲与亚洲、品味独特的生活及饮食方式。墨尔本市内有超过2000家的各国风味餐厅，从亚洲的阿富汗菜到非洲的祖鲁菜，应有尽有，使得“吃在墨尔本”享誉全澳。来到这里的人们，可以毫无顾忌地大快朵颐。

黄金海岸

Gold Coast

永远的阳光普照

阳光、海浪、沙滩、没有被污染过的空气、悠闲自在的生活方式，在365天里，有245日的阳光普照，来吧，看看这个名副其实的阳光城市，看看这个让整个澳洲都引以为傲的城市——黄金海岸。

❖澳大利亚昆士兰州的黄金海岸。

黄金海岸位于澳洲的东部，距离布里斯本只有80千米的路程，它是澳大利亚的第七大城市，人口却只有35万。由于濒临大西洋，有着秀丽的海滨风光、绵长的海岸线、天然的海滨浴场，加之众多的游乐场所，这些，使黄金海岸成为世界上当之无愧的旅游度假胜地。

海滨浴场的休闲时光总会让人忘却一切烦恼，在这里，唯一感受到的就是阳光的亲切以及拥抱自然的无拘无束。将整个人沐浴在充满新鲜海洋气息的空气里，享受着煦暖的阳光和细沙亲密接触。

在黄金海岸，似乎任何事物都会给人带来愉快和惬意，无论观光、水上体验，或是在大自然的怀抱中与野生动物来个零距离接触，这些活动，光是想想就已经让人激动不已。

作为南半球主题公园的首府，黄金海岸拥有数不尽的绝美景点，华纳电影世界、梦幻世界、水上乐园、绳索滑雪世界、海洋世界，等等，它们都时刻等待人们身临其境地深入感受。

华纳电影世界是黄金海岸上一处极具特色的主题公园，因为很多著名影片的拍摄场景就设在

螺旋过山车不少，然而建在碧海蓝天之间的螺旋过山车却不多。

黄金海岸的豪华摩天楼旁边，就是冲浪者天堂地平线。

这里，《卡萨布兰卡》、《超人》、《哈里·波特》，难怪这些街区画面这么眼熟！一路走来，会看到许多曾在经典影片中出现的大明星，如果足够幸运，也许还会和玛丽莲·梦露不期而遇。

据说，梦幻世界是澳洲最狂放的游乐场，不仅因为其中引人入胜的冒险乐园，更是因为其中物种丰富的野生动物园区，可谓集澳洲精华于一处。在冒险乐园里，世界上最快、最高的大型游乐车让人汗毛竖起，大暴跌、惊悚之塔和龙卷风让人兴奋异常。放松的时候别忘了搂着海绵宝宝的脖子摆个“V”型手势，童话世界里同样美好！

在野生动物园，抱抱小考拉，摸摸它们绒绒的灰色皮毛；喂喂大袋鼠，学学它们竖起身子的大步跳跃；吃吃丰盛的自助午餐，然后转个弯去看冲浪和划水表演……

晚上的黄金海岸，不但不因夜幕降临而失色，反而会更加活力四射。各种音乐和表演，各种酒吧和劲舞，灯火之中，繁华一片。无论你来自何方，大家都能成为狂欢的好友，举杯同庆之时，畅谈人生之余，也许会让人不禁慨叹：黄金海岸的怀抱是多么慷慨！

Chapter-4

美洲奇幻之旅

• 目标：新大陆

America

美国

U.S.A. ·霓虹闪烁

时而放纵，时而内敛，时而奔放，时而嚣张。美国就像是一个着急长大的孩子，穿着大一码的高跟鞋在街头游荡，镜子中，她的美丽让人动容。可是鞋子里，磨起的水泡充满灼热的疼痛。无论如何，我们都知道，有一天，她终将成长。

夏威夷 *Hawaii*

制造爱情的地方

时光交错中倒退千百万年，恍惚间，地壳发生翻天覆地的变化，海底火山接连爆发，天空的阴霾下，黑色的火山熔岩附着于地面……沉沉天地间，没有人，没有生物，死寂一片。再次睁开双眼，造物主早已将时空逆转，眼前的一切，天真烂漫。

夏威夷宛如从蔚蓝海岸升起的明珠，结合异国情调与原生色彩，由8大岛屿所组成，每一个岛屿都有属于它的爱情故事。夏威夷也被称为文化熔炉，各色人种和平共聚，充满着情爱。这种爱与和平的精神，也影响着来这里度蜜月的情侣的心情。不论是在欧帮岛棕榈树下许下诺言、茂宜岛的沙滩上散步、莫洛凯岛上自由探险，还是举办一个拉纳岛式的婚礼，都能体验到属

于夏威夷的特有的热情。

夏威夷实在是个梦幻般的地方。这里的天空和海水都是最最澄澈的颜色，棉花糖一般洁白松软的云朵总在天上不紧不慢地转悠着，习习的微风怡人得像豆蔻少女投来的回眸一笑。一年四季各种奇花异草张扬地开满路边，还不甘心地散出甜香充溢人们的口鼻之间。金灿灿的沙滩在菠萝树、棕榈树的点缀下平平地直铺入海浪深处，散布在岸边的五彩洋伞下面飘散出美酒的醇香和悠扬的乐声。夏威夷语里并没有“浪漫”这个词，但是浪漫这种风情却融入了夏威夷的每一个角落，她的浪漫从清晨的第一缕阳光中散发出来。在海浪中悠悠醒来后，沿着海岸在棕榈树的轻柔婆娑的影子下慢跑，小鸟放声高歌。早饭可以靠在躺椅上，享用一杯新鲜的威陆亚咖啡和新鲜水果。海水是咸的，爱情的味道却香甜甘美。夏威夷夜空非常美丽，一轮巨大的圆月挂在山坡上，如同人工的月亮。到莫纳克亚山山顶上数星星是恋人们的最爱，而到最东端的库姆凯尔角守望旭日东升，则是新人们的奢望。在美丽的夏威夷夜晚享受火山熔岩鸡尾酒，其味道甜酸可口，滚烫的岩浆从雪白的山顶一缕缕喷涌而下，充满想象，富有创意。

夏威夷的天与海蓝得让人心醉。

瓦胡岛

瓦胡岛是夏威夷群岛中的第三大岛，世界闻名的旅游胜地怀基基海滩就在这座岛上。另外，檀香山市、恐龙湾、珍珠港、伊奥拉尼皇宫、卡美哈梅哈一世雕像、毕效魄博物馆、石头山、落日海滩等景点也都在岛上，不容错过。

海滩公园

✥这里的村庄在白云的心中，那么令人陶醉。

说到夏威夷，人第一个想到就是草裙舞。传说中第一个跳草裙舞的是舞神拉卡。她跳起草裙舞招待她的火神姐姐佩莱。佩莱非常喜欢这个舞蹈，就用火焰点亮了整个天空。自此，草裙舞就成为向神表达敬意的宗教舞蹈。草裙舞是一种全身运动的舞蹈，尤其是手部动作含义深刻，通过不同的手势表现出人们对各种美好事物的希冀，如祈求丰收、渴望和平等等。舞蹈者怀着敬慕的心情，传达着令人愉快的亲切的情愫。现在，草裙舞俨然成了夏威夷的一种象征。

夏威夷大岛是夏威夷七大岛中最大的岛屿，面积是其他六大岛屿总和的2倍。夏威夷是16世纪波利尼西亚人第一次登上这个岛屿时起的名字，由于现在人们用夏威夷代表整个州，所以，当地居民就用大岛来称呼这个最大的岛屿。 夏威夷大岛是在火山熔岩上，完全靠人工建设起来的人间居所。这里的草坪、棕榈树，全靠植物营养液生长。在火山熔岩遍布的荒漠地带，路边开着鲜艳的夏威夷金芙蓉。在黑色的火山熔岩上，有许多用白色珊瑚石拼成的文字。这是相爱的年轻人，在火山女神面前许下的誓言。据说，这种誓言非常灵验，来这里度蜜月的情侣们一定不能错过在火山女神面前许愿的机会。

檀香山对于中国人来说是最熟悉的，在很多年前，中国人对于夏威夷的印象仅止于它的檀木以及有名的檀香山。檀香山有着世界最著名的怀基基海滩，海滩上种满了棕榈树，远处可以看到美丽的钻石山。钻石山是一个火山，据说第一个发现夏威夷群岛的英国人库克船长，在夜晚看到整个山头冒出蓝光，像蓝宝石一样闪闪发光，就把它称为钻石山。钻石山的形状也如同一个切割好的钻石，是欧胡岛的一个明显标志。在怀基基海滩上，阳光明快地照耀着沙滩上的俊男美女，天空蔚蓝纯净，白云悠悠滑过。比天空更蓝更纯净的大海温和地敞开胸怀，宽容，大度，慈祥，包容万物而浸润万物。夏威夷怀基基的库希欧海滩上可以看到 4 块古老的岩石，相传是 15 世纪 4 位来访的老法师安置的，石头被赋予了神明的力量。蜜月情侣们不论信或不信，都要摸一摸，为自己的婚姻、生活祈福。

然而，在夏威夷这么一个旖旎到让人眼皮发沉的地方，却孕育了“勇敢者的游戏”——冲浪。

夏威夷的冲浪运动至少已经有 600 年的历史了，1778 年，库克船长踏上这片海岸时，当地人高超的冲浪技艺就让这群闯入者赞叹不已。事实上，几乎每一位目睹过冲浪这种运动的人，都会不由自主地被吸引，借用马克·吐温的一句话，“就算是闪电快车，也难以赶上这令人毛骨悚然的速度。”杰克·伦敦还专门写了一本书，名为《皇家运动——怀基基冲浪》，用生动的文笔满怀钦佩地描绘了冲浪的激情：“他并没有为这狂热的运动丧失理智，也没有被那些专制的教士吓倒和摧毁，他只是坚定地踏在浪尖上，出凡超群地驾驭着令人晕眩的浪峰。他的脚下是翻滚的浪花，是升腾的海浪……”于是，在这里就有了两种截然不同的景象：一面是享受自然的极致，一面是搏击自然的极端；一面是悠闲舒适的顶点，一面是惊险刺激的高潮，而夏威夷也因此避免了落入单一的俗套而变得立体起来。因此，蜜月中的情侣可以在夏威夷这个温柔乡里，圆一个勇敢者的梦。

夏威夷开阔的高尔夫球场。

毛伊瀑布

科罗拉多大峡谷

Grand Canyon

地球的伤痕

几张照片、几幅电影中的画面零星拼凑成那片壮丽的暗色调的红。生命在行走的过程中几多羁绊，总会有那么几处无法缝合的伤口，结成痂，不是为了遗忘，而是为了记得。记得在那段逝去的岁月里，一路繁华曾陪伴左右。

美国人说，科罗拉多大峡谷是人民的骄傲。它与沙漠中崛起的拉斯维加斯不同，又有别于在乡间小路上衍成的第五大道，它是大自然的鬼斧神工，是上天赐予智慧的美国人最为丰厚的奖赏。

不管你何时去科罗拉多，它的色彩总能和天上的云搭配得十分相宜。

科罗拉多大峡谷横贯亚利桑那州，全长6833千米，从飞机窗口向下望，它的存在宛如地壳中一道硕大的伤痕，远观之时，竟然让人心中隐隐作痛。与长度相比，它的宽度似乎微不足道，正是由于这样的狭长，才成就了壮观的科罗拉多。峡谷

大峡谷中孤独的小麋鹿。

衬着那幽幽的蓝，它的鬼斧神工总是让人惊叹。

深有1500米，从顶部俯瞰科罗拉多河，如同丛林中望见的一缕小溪，事实上，却是一条盘旋其中汹涌奔腾的大江。

初到科罗拉多，除了平滑的高原丘陵和沙漠边缘，并不见所谓的“大峡谷”，然而，当你从道路两旁的松树林穿过去，就会立刻被眼前的景象惊呆：那是怎样的一种断裂啊，褶皱丛生，谷中含谷，像静卧的绝世猛兽，顿觉震撼之至，整个场面摄人心魄。红，远眺之中，满眼的红色，枣红、橙红、铁红，在阳光下变幻着色彩，使峡谷熠熠生辉。

深邃、诡异、变化万千……眼中的科罗拉多大峡谷，实在是一个理想的探险地。据说，1540年，佛兰西斯科·瓦司克斯·科洛纳多率领的探险队首先发现了科罗拉多河口。18世纪中叶，另一位西班牙人传教士佛兰西斯科·托马斯·加尔塞斯神父部分考察了这条河，并给它取了现在的名字。1869年，约翰·威斯里·鲍威尔率领着一个9人组成的团队开始了整条河流的探险。历时三个多月，经历艰难险阻，牺牲三名队员，他们终于到达了目的地。

这的确是一片伟大的领地，身临其中，如同来到另外一个神秘的星球，抑或是一个壮丽的梦境，眼中的一切让人哑然失声，在自然面前，一切都显得那么渺小，敬仰之情犹如峡谷河水，时时涌上心头。

黄石国家公园

Yellowstone National Park

永远的独一无二

太阳从湖面升起的时候，天边的乌云突然挤过来凑热闹，在湖面微微泛起的薄雾中，黄石迎来了又一个梦幻般的黎明。在脑海中，黄石既像一名女子又像一个男人，“坚强中不乏妩媚”为这个女子平添了几许姿色，而“刚毅中夹杂温柔”则为这个男人增加了几分魅力。

对于大自然的鬼斧神工，人们似乎永远渴望远观却又欲罢不能。

美国黄石国家公园建立于1872年，百余年的历史从未让它显得老态龙钟，相反却意气风发。8956平方千米的面积使得公园超出怀俄明州的西北角一路向蒙大拿州及爱达荷州延伸。整个黄石国家公园被山脉环绕，大小湖泊点缀其间，纵横交错的溪流像纽带般贯穿全部。公园大部分地方覆盖着拥有茂密森林的火山高原，而正因为如此，那一泻千里的大瀑布和气势磅礴的大峡谷才能如此壮观，它们与波光粼粼的美丽湖泊及一望无际的茂密森林交相辉映，大群的野生动物自由穿梭其间……难怪美国人骄傲地称这里为“世界上独一无二的神奇乐园”。

黄石湖流出的河水在经过一段较为平缓的丘陵地带后便进入了峡谷。这是一段异常险峻的峡谷，也是黄石公园最为壮丽的景色之一，人们称它为“黄石大峡谷”。

黄石大峡谷形成于河水冲蚀下且被地热腐蚀的火山岩，在14000到18000年前，大峡谷接连三次经历冰川的侵蚀，进而形成现在这种“V”型。10000年前，黄石大峡谷形成了现在的模样，从地质结构来讲，它还非

❖黄石公园内热气腾天的热泉。

❖黄石公园内华美的牵牛花池。

常年轻。

观看黄石大峡谷，最佳地点之一便是 Uncle Tom’s Trail。Trail 位于峡谷腰部的平台上，站在这里望过去，壮观的瀑布就在眼前，它犹如一条白练系在高崖之上，水气从谷底直升半空，由此而形成的美丽彩虹横跨在绝壁之间，整个场面，除了感叹，还是感叹。

其实，黄石大峡谷除了幽深曲折的瀑布，光怪陆离的火山岩也十分引人入胜。抬头望去，白、黄、红、绿色交替其中，在阳光下璀璨而夺目。谁能想象，在历经若干年的冲刷之后，它们竟从未因此而失去色彩。而站在大峡谷边上俯视，美丽的黄石河犹如一条蛟龙在色彩斑斓的水中自由嬉戏。

在黄石公园，地热景观最为著名。人们不远万里来到黄石，为的就是一睹这里的地热奇观。你能想象到数以万计的温泉一齐碧波荡漾的样子么？上百个间歇喷泉时不时地喷射着沸腾的水柱，伴随着滚滚蒸气盘旋而上。据说，在黄石公园有 1 万多处温泉、泥泉以及 300 多个定时喷发的间歇泉。

间歇泉是黄石的骄傲，无论从数量上还是规模上，它都是世界上当之无愧的第一。

“老忠实泉”，每次提及这个名字，都有个老管家的形象出现在脑海中。这可是黄石公园最著名的间歇泉，几乎象征了整个黄石。老忠实泉平均92分钟喷发一次，每次有4到5分钟。自从它被发现的100多年来，喷发从未中断，它从未让人们失望过，不愧为“老忠实”。老忠实泉每次能喷出30000立方米的水，高度可以达到60米，温度在95℃以上。

Morning Glory Pool，据说这里曾是黄石最完美的温泉池，可是由于早期游客环保意识的淡薄，它已经失去了从前的风采，然而，所见之时，它的美丽还是超出了脑海中所有的想象。

有人说，世界上最无敌的牛都长在黄石。亦真亦假。

美洲野牛是北美大陆上个头儿最大的动物，一头成年牛可以超过1.8米高，3.6米长，体重重达900千克。这种全身覆盖着棕色卷长毛的家伙，曾经一度因为遭遇过度捕杀而濒临灭绝，时至今日，只有在公园里，它们才会受到保护。而在黄石，因为完善的野生动物保护措施，野牛的数量在逐渐回升，脾气也逐渐增大。丛林、小河、公路……只要是前往丰盛河湾的地带，便能看到它们的身影。当地人总是笑呵呵地说：一早一晚，公园内的公路都会准时塞车，在纽约塞车是惯例，来到黄石塞车也是惯例嘞！

因为长年累月地面对游客，野牛们早都不怕生，在马路上大摇大摆地行走，不知道再过个几十年，它们会不会变成霸道的牛魔王。

在黄石，还有很多难得一见的动物。老熊便是其中一种，黑熊、棕熊遍布黄石公园，

算起来也有近千只。在丛林中悠闲散步的鹿，时不时朝你的镜头来个优雅的回眸，爬上爬下机灵的松鼠以及古灵精怪的蓝色蜻蜓时常映入眼帘……硕大的黄石公园，自然界的美被抒写得淋漓尽致。

冬季的黄石公园内，野牛就像不怕冷的卫士，巡守着它们的乐园。

1988年是黄石公园最为悲惨的一年。先是干旱，接着是火灾，火灾偏逢大风天，结果火势迅速蔓延，早已超出自然界的控制能力。山火一连烧了6个月，直到11月份下第一场雪，才自行熄灭。

大火横扫了黄石公园近三分之一的面积，那些焦黑的树干、光秃秃的山头，眼前触目惊心的景象，无时无刻不在诉说着当年山火的惨烈。据专家估计，那些地区可能在百年之内都无法恢复元气。然而，自然界就是有它奇特的法则。有人说，星星之火可以燎原，也许，化作春泥，也是为了怜护鲜花吧！

黄石公园很大，景观很多，当你踏进黄石公园的那一刻，所有的叙述都会变成跳跃着的音符，在陪伴你行走的途中，发出悦耳的声响。

纽约的时代广场

纽约 New York

地狱与天堂的夹缝

如果你爱他，就把他送到纽约，因为那里是天堂；如果你恨他，就把他送到纽约，因为那里是地狱。

——《北京人在纽约》

纽约是世界特大城市之一，位于美国东北部哈德孙河注入大西洋的入口处。它有着美国最大的商港，人口有1800万之多。这里是美国金融、工业和文化的命脉。

飞机在肯尼迪国际机场降落，脚下的道路略显斑驳。进入市区之时，眼中充满审视：这就是那个传说中的大都市，低矮高大相互交错的建筑，繁华中夹杂凌乱的街道，珠光宝气与身无分文的人擦肩而过……不知该用怎样的辞藻来形容眼前的纽约，看似古老，又显现代，备觉嘈杂……浮华，就是浮华。这里是浮华的纽约，似曾相识，又让人觉得陌生。

帝国大厦

曾几何时，代表美国的世界贸易中心傲然挺立。110层的双塔楼，412米的高度，庞大的数字使其在世界上占有一席之地。它不仅控制着美国的贸易，更担负着国际贸易发展的重任。这里曾有各种公司1200家，每天访客都超过8万人。在44层、78层、107层三个空中大厅，更可以观瞻整个曼哈顿全景……可“9·11”像一场噩梦，成为美国人难以承受的事实。顷刻间，世贸中心化为一片废墟。历史无法逆转，然而反思却可以改变未来。

一座城市不会永远凝重。漫步在纽约

布鲁克林大桥夜景

曼哈顿区的第五大道上，看着西装革履的男人和穿着时尚的女人，看着玻璃幕墙上的金光闪闪，纽约的另一种性格逐渐浮出水面——品质与品位。谁能想到，19 世纪初富有的纽约人不经意间建起的一座建筑，在若干年后竟然成为了纽约的商业中心、文化中心、居住中心、购物中心……转身凝视，那条乡间小道早已不再，取代它的是货品齐全、人见人爱的百货商厦。这些店铺享誉世界，品牌齐全、品质卓越，是全世界女人梦中的天堂。优雅、华丽、品位、活力，就像伊丽莎白 · 雅顿公司出品的香水那样，“第五大道”高高地站在了全世界最成功的峰顶。

曼哈顿区南部与百老汇路延伸到东河的那条大街便是著名的“华尔街”。很难想象，这条全长不过 500 多米，宽仅 11 米的街道曾是“世界金融中心”。或许是因为美国一向的快节奏，现在的它，已经成为一个荒废的商业区，几栋陈旧的摩天大楼和露天茶座，似乎在掩面惋惜为什么时光如此易逝。

这里便是纽约，离开的时候，心情有些许落差。这里，曾经孕育了无数人的淘金梦，若干年后，看着纽约火红的晚霞与霓虹灯光的交相辉映，顿时觉得，时光如水，生命如歌，一切都不过是沧海一粟。

百老汇

百老汇是纽约曼哈顿街区中一条街道的名字，一直是美国商业性戏剧娱乐中心。这里使人充满幻想，是美国现代歌舞以及娱乐业的代名词。每年都有来自世界各地的人到这里欣赏百老汇的歌舞剧，它早在1811年前就存在，周围云集了10多家剧院。

❖洛杉矶渔人村的灯塔。

洛杉矶 Los Angeles

梦想开始的地方

很多人愿意称洛杉矶为“天使之城”，不仅因为名字的发音，还因为这里孕育了无数人的梦想。这里是梦想开始的地方，也是制造梦想的地方。在这里，黄白黑只是皮肤的颜色，和种族无关。洛杉矶，总是充满自由和别具匠心的姿态。

城市的人文可以反映出城市的性格，洛杉矶坐拥太平洋圣佩德罗湾和圣莫尼卡湾，凭借地理位置的优势迅速发展，在1846年美墨战争后被正式划归为美国。那时候淘金热浪正侵袭着全球，来自欧洲及其他国家的移民分赴这里，从而奠定了这里移民城市的特征。从此以后，洛杉矶理所当然地成为了加利福尼亚州的第一大城。

移民城市必然充满各具特色的民族色彩。在洛杉矶东部，规模盛大的唐人街和日本人社区便坐落在那儿。而东北部不乏极具墨西哥特色的建筑、广场，好莱坞便隐匿其中。

❖洛杉矶的小镇

“每个人心中都有一座好莱坞。”好莱坞是人类的造梦机器，是世界电影的轴心。走入好莱坞环球影城的刹那，便是走入了电影。

好莱坞环球影城其实是一个以电影场景为主的主题游乐园，其中将多部大制作的电影作为景点供人们参观。在这里，4D影院是不可错过的游乐项目，因为这是真正走入电影的第一步。全方位立体效果的优秀表现力，让人分不清剧中与

紫色的夜晚是洛杉矶的浪漫时刻。

这些小屋虽然朴素，但不乏艺术和美。

现实。和外星人手拉手去太空遨游吧，这样的机会，一辈子能有几次呢？在环球影城的“侏罗纪公园”里，看看形态生动、身形硕大的恐龙在侏罗纪丛林卖力奔跑，千万捂着嘴巴，别让惊诧的下巴掉到水池！在“水上世界”中，高超的特技营造出极为紧张的画面，让游客一同进入到以科幻取胜的影片——《回到未来》中去……

虽然世界上已经有几座迪士尼乐园，但是，你是否知道，洛杉矶迪士尼乐园是其中的头把交椅。1955年，这座乐园在洛杉矶市郊落成，从此为人们耳熟能详的卡通人物——米老鼠、唐老鸭、善良的白雪公主以及红衣服的小熊维尼才真正走入我们的现实生活中。这些美好的童年记忆，伴随着整个游园过程，都可以一一重温。

行走在洛杉矶的大道上，思绪也跟着眼中的景致不断变换，这里有人群却不熙攘，有节奏却不迅速。洛杉矶人一向以创新自诩，他们从来不肯复制现存的样式，就连行为都充满了奇特的亮点。也许这便是这座城市独特的性格，也是因为这样的性格，才成就了传说中“梦想开始的地方”。

拉斯维加斯

Las Vegas

“赌城”的华丽转身

人心所浮现的恶意便是恶魔，当人类遭遇自然力量的威胁，它便会去寻找源头。暂不论是戏谑还是抛弃，那个在沙漠中崛起的神话、人们的辛酸与荣耀、失败与成功，都在这个时刻被重新定义。

在20世纪90年代之前的50年间，这里被奇幻所充斥，贪婪之风无情地吹刮着人们冷酷的面孔，踏遍整座城市，所见之处，除了赌还是赌，黑道势力的狰狞出现在城市的每个角落。这里曾是一座麻木的城池，拉斯维加斯。

拉斯维加斯是美国内华达州最大的城市，曾经因为庞大的赌博业而闻名于世。然而，就在1990年至2000年10年的时间里，整座城市脱胎换骨，从曾经的萎靡发展成为如今有血有肉、活色生香的城市。拉斯维加斯以他那华丽的转身换以世人羡慕的眼神，从此，这里以旅游、购物、度假而再次闻名，摆脱了“罪恶之城”的恶名，成为一个不可多得的好地方。

拉斯维加斯仿制的埃菲尔铁塔。

这里，赌城不再，却仍可以享受更多的奢华。“世界娱乐之都”、“美食空间”、“购物天堂”时刻在向人们热情地招手。日光之下，最豪华的酒店里美味可口的食物散发着诱惑的香，各大名牌商场SHOPPING的物质享乐让人沉迷；夜幕之下，顶级秀场在霓虹中透露出媚惑的气息，独具特色的演出让人眼花缭乱。

拉斯维加斯汇报演出的第一站是各类风格迥异、异彩纷呈的主题餐厅。Forrum Shops购物中心里的

西拉斯维加斯街头的自由女神像。

拉斯维加斯博物馆

Planet Hollywood 餐厅向来以好莱坞式的大餐闻名于世，如果有足够的钞票，这里将是全世界最佳的挥霍地点。而在撒哈拉酒店内的 NASCAR Café 和纽约纽约酒店的 ESPN Zon 则能看到大批体育发烧友们欢聚一堂时快乐的表情。无论是包罗万象的自助大餐还是鲜香可口的鲜虾盘，都能让人更深刻地体会“享受”这个词的美好滋味。

拉斯维加斯式第二站——“不夜城”表演秀。原来，印象之中、荧幕之上那些头戴精致羽毛的艳舞女郎和猫王埃尔维斯的经典形象便来自于这里。在这个庞大的不夜城之中，歌手、艺术家、魔术师纷纷亮相。海盗船表演和火山喷发的表演，在延续了几十年之后，仍然经久不衰。

且将拉斯维加斯的终点安排在巴黎酒店内的 Le Boulevard 购物中心吧，古朴的鹅卵石小路，弯曲回转的巷子，充满法国风情的建筑，让人们在购物的同时仿佛置身于欧洲。在这里就只是购物么？当然不是，这样的地点，这样的心情，怎是物质能够涵盖的？

华盛顿大街中心花园里的华盛顿雕像。

华盛顿 Washington D.C.

文化之城

对于美国，总是有着种种猜想。在领略了美国的新奇与热情后，想要真正了解美国的历史，了解美国的文化，华盛顿绝对是不能错过的一站。

华盛顿的草坪构成各种图案，像地毯一般的花圃和茂密的小树林到处都是。马路两旁的多数建筑物都仅有三层高，建筑风格多姿多彩而协调和谐。著名的白宫、国会大厦和国会图书馆等建筑物风格各异，显得气魄雄伟。周围环绕着草坪，散布着水池、喷泉和雕塑。宾夕法尼亚大街、独立大街和宪法大街等几条主要干道，平坦、笔直地向前伸展，庄严的华盛顿纪念碑和林肯、杰弗逊纪念堂矗立其间，构成了整个华盛顿的中心，显得非常庄严、肃穆。

华盛顿纪念碑是全市最高的建筑物，外形好像一把 50 多米高的白色宝剑，直指云霄。200 多年前，华盛顿领导美国人民，与强大的英国军队苦战 6 年，胜利地结束了独立战争，被选为美国第一任总统。1833 年，即华盛顿去世后 34 年，人们为纪念他的功绩，集资建造这座纪念碑，历时 37 年之久才建成并开放供游人参观。如今可乘电梯直登纪念碑的塔顶，鸟瞰华盛顿特区全貌。

华盛顿纪念碑

在华盛顿纪念碑周围的建筑物中，最吸引人的是美国第 16 任总统、由于解放奴隶而被世人称颂的林肯纪念堂，以及美国独立宣言起草人杰弗逊的纪念堂。这两座圆形建筑，都

宁静肃穆的白宫

华盛顿的国家美术馆。

是以白色巨柱撑起来的，分别矗立着用大理石雕刻的林肯坐像，高近20米的杰弗逊立身铜像。石壁上镌刻着杰弗逊生前的话："我已经在上帝圣坛前发过誓，永远反对笼罩着人类心灵的任何形式的暴政。"

华盛顿不仅是美国的政治中心，还是文化中心，仅是大小图书馆便有上百座，其中规模最大的是国会图书馆。它拥有3幢庞大的建筑物，这3幢建筑物虽然被街道分割开，但有地下通道相连。其规模之大，藏书之多，堪称世界之冠。

各种各样的博物馆和展览馆，是华盛顿文化结构的一部分。比较著名的有美国历史博物馆、自然博物馆、艺术馆、绘画馆、东方艺术馆、非洲艺术馆、现代艺术馆、国家肖像画廊等等，而每天接待游客最多的却是坐落在华盛顿市中心的宇宙空间博物馆。走进馆内，20多个展厅以实物和图片介绍的展品琳琅满目，囊括了从1903年莱特兄弟发明飞机雏型以来，直到太空飞船上天的美国近百年航天史。举头望去，尽是各式各样的飞机，还有火箭、导弹、卫星、太空船……这些展品大部分都是原来的实物，很有参观价值。在这里，你会情不自禁地为人类进入太空而感到自豪。

加拿大

Canada

·心灵小憩

生如夏花般绚烂，这便是加拿大。这是个温情的国家，亦静亦动，好似秋日里灿烂的枫叶；亦喜亦悲，更像温存的落基山脉；抑或时而激昂，仿佛尼亚加拉大瀑布……害羞却尤其得体，绅士却不张扬。

落基山脉

Rocky Mountains

心 灵 庇 护 所

那是一个承载着原始与纯净的地方，也许只有那样的地方，才担当得起如此厚重的深情。一如《断臂山》中的绝唱，在离开后的日子里，让人不由自主地想念，甚至忧伤。

加拿大，一丝荒凉，一丝单调，却穿透某种深刻，就像落基山脉中的石块，沉甸甸的分量，连心脏都感受得到。神秘莫测的极光，热情好客的牛仔，景是静的，人是动的，天人合一，让人着实难忘。

将 50 个瑞士合在一起，才能得到一座落基山脉。落基山脉四季阳光普照：春天，山谷中百花齐放；夏天，树荫庇护下，凉爽异常；秋天，山中层林尽染，颜色缤纷交错；冬天，湛蓝的晴空、清新的空气，一切都显得那么美好。在落基山脉远足，就好像一次灵魂的洗礼，走过之后，会觉得自己如新生的婴儿，纯净通透。

行走在落基山脉的任何一个季节，都可以看到长青的原始森林。静谧的河谷悄无声息地上演着自己的美丽，瀑布、温泉相互依偎，甚至史前时代的冰川，也加入到这和谐美好的景色之中。芬芳的野花开满冰川雕凿过的山崖，在阳光下绽放出耀眼的光芒。

落基山脉没有科罗拉多大峡谷那样壮观，没有尼亚加拉大瀑布那样惊心动魄，可是它却细腻异常。每行一步，都会让人心中充满喜悦。那种喜悦来自于平和，能持续很久。

位于加拿大南部的艾伯塔省和不列颠哥伦比亚省的

❖在云海和白雪的怀抱中，落基山脉显得更加雄壮。

落基山国家公园群，早在 1984 年便被联合国教科文组织列入自然遗产名录。整个公园群面积有 23401 平方千米，包括班夫国家公园、贾斯珀国家公园、库特奈国家公园和约霍国家公园以及罗布森省立公园、阿西尼伯因山省立公园和汉伯省立公园，这些公园是落基山脉中最为美丽的地区，不仅有丰富的动植物，还有着 1909 年发现的位于菲尔德山附近的化石储存地。

行走在这里你永远都不会感觉单调，无论是动物还是植物，总会在这里向你友好地打招呼。

班夫国家公园是加拿大的第一大公园，它位于艾伯塔省西南部与不列颠哥伦比亚省交界的落基山东面。在班夫，一串由冰川孕育成的湖泊在落基山的映衬下闪闪发光，比珍珠更美丽，比钻石更闪亮。

❖落基山脉中的母子情深。

1858 年，地质学家赫克托博士在落基山脉考察鲍河河谷，在牵马过河时胸口被重重踢了一脚。向导发现他的时候以为他已经死去，刚要将他埋葬，他却及时地睁开眼睛，提前结束了自己的“葬礼”。由此，这条河源处的山口被他命名为“马踢”。鲍河河谷穿越班夫公园内多处湖区，在 1885 年设立温泉

冬季，这里完全是雪的天下。

在这里，哪怕是骑着山地车，也会显得饶有兴趣。

保护区时的面积只有 26 平方千米，现在却达到了 6680 平方千米。在公园内，冰河、冰峰、冰川以及各种高山草原，温泉溪谷一一呈现，奇峰秀水堪称北美冠军。

多处美丽的湖泊一直温情地点缀着落基山脉，将山脉装扮得生机勃勃。路易斯湖是中东湖泊中被公认为最美丽的一个。它位于班夫公园的中央，距离班夫镇 50 多千米。人们赞美它为“维多利亚冰原下的翡翠”。加拿大人更是视其为国宝。

其实路易斯湖并不大，长约 2400 米，宽约 500 米，深 90 米，然而，它所呈现出的秀美景色，却让所有看过它的人为之动容：整齐的树林从湖边一直向上延伸到山腰，湖北面两座山峰的山坳间，一座海拔 3463 米高的巍峨雪山向远方伸展开来。这便是著名的维多利亚女王山。

因为雪山常年积雪，范围大且厚，所以才有了山脚下路易斯湖中极为清澈的水质。阳光下，湖水自由地变换着色彩，一会儿湛蓝，一会儿碧绿，与周围清澈的冰原和葱郁的树林相得益彰。花儿在美景中竞相绽放笑脸，为其平添几许绚烂。

在湖边远足，将一尘不染的空气吸入肺中，这绝对是大自然赐予人类最为珍贵的健康大礼。难怪有人无比感慨地说，在路易斯湖边散步一次，可以延长三年的寿命！湖

光山色中，登山、攀岩、垂钓，每逢冬日来临，还可以在湖面滑冰，在山坡滑雪，这样的生活，美哉！

弓箭河是班夫国家公园境内最长的一条河，源头位于北边的弓箭湖。弓箭河流域长达 2210 平方千米，其中，弓箭河山谷有着重要的影响，这里的水流最终将流入大西洋。很早以前，印第安人在此居住，他们过着游牧打猎的日子。他们将河岸两旁的道格拉斯丛林砍下来制作弓箭，于是这条河便被称为弓箭河。

每到炎炎夏日，便能看到班夫公园内的野草莓和蓝草莓疯狂地生长。黄色的冰川百合迫不及待地冒出头，到处开满美丽的花朵。班夫公园里有着种类繁多的野生动物，光是鸟类就多达 225 种，大到秃鹫，小及蜂鸟，种类之多，可见一斑。另外，还有 53 种哺乳动物，黑熊和灰熊尤为著名。

在班夫镇和路易斯湖中间，城堡山也是个极具特色的地方，它的外形像极了德国的城堡，远远望去，十分壮观。每当金色的阳光洒在石壁上，那被镀了一层金色的城堡山更显得华丽异常。整个场景，如临梦境，似幻似真。

落基山脉就是这样动人的地方，细腻、温柔，充满了乐趣。落基山脉的美丽，让人的感官在游走中逐渐苏醒，一种体验的快乐就这样散布在身体的每个角落……

温哥华 Vancouver

片片枫叶情

美丽却不艳丽，繁华却不奢华，相比之下，一份纯净的气息充斥着眼前的一切。一直不懂友人缘何对那枫叶卡片情有独钟，在踏上温哥华的瞬间，才如梦初醒。

虽然也是一座繁华都市，但温哥华却给人一份安静。

每年的这个时候，远方的友人总会发几张照片过来，照片中，始终是湛蓝的天空、洁白的云朵、葱郁的叶子，还有野生的马儿摇晃着尾巴在阳光下悠闲地吃草。他说，他有一栋美丽的小房子，后院种满了鲜花。每年的2月份，绿意盎然中的那抹鲜红是整个世界上最动人的色彩。

除了对加拿大这个国家的枫叶略有所知，关于风土人情却全然不解。依稀记得小时候的课文，国际共产主义战士白求恩不远万里来到中国，原来，加拿大是那么遥远的地方。长大后，对着《断背山》低头沉思的时候，脑海中突然跳出那片连绵的巍峨，原来它们同样出自加拿大，那里便是著名的落基山脉……

温哥华之夜

温哥华是加拿大的第三大城市，也是西部最大的城市。它位于加拿大西岸入口，靠山面海，所以一年四季都有着温和的气候。有人说，温哥华是一个富裕的绿色住宅城市，也许是因为它那极具特色沿海岸线而筑的街道和不远处覆盖着冰川的高山，风景画一般的城市，让人走在其中都像在郊游踏青的途中。这里空气新鲜，卓越的生活品质令人无不赞叹。

温哥华的加拿大广场。

人们在这里垂钓、扬帆、远足，冬季滑雪，日子过得羡煞旁人。来温哥华，一定要来加斯镇。这里是温哥华最古老的一区，地处市中心。很久以前，加斯在这里开了全市的第一间酒吧，19 世纪，因为他的酒铺，小镇变得日渐繁荣。又过了几十年，这里成为加拿大的主要港口，1886 年正式将其定义为城市，而加斯，理所当然地成为温哥华的第一任市长。加斯为了纪念发现此地的白人船长“乔治 · 温哥华”，将此地命名为温哥华市。时至今日，人们仍然可以看到 Maple Tree 广场中央伫立着的市长雕像，有趣的是，他站在一只啤酒桶上。

在这里，街道虽然古老却别有一番风情，古雅的街灯伴着两旁几经翻修的旧屋，各种古董店和画廊林立其间……在这里，还能看到世界上唯一的一座蒸汽钟，钟声敲响的时候，仿佛时光逆转，将小镇最初的样子展现在人们面前，到处洋溢着当地人为自由而劳作的欢乐气息。看着古朴悠然的蒸汽钟，听着徐缓悠扬的美妙钟声，嗅着露天咖啡店飘来的摩卡香气，真想就这样伸开手臂，融入这座温情的城市。

秋意正浓的温哥华，看枫叶最好的地点便是斯坦尼公园。当年斯坦尼以 1 加币买下了这里的 0.4 平方千米草地，如今，这里已然一片灿烂的火红。美丽的枫叶与波光粼粼的湖面相互依偎着，旖旎的景色让人流连忘返。

温哥华有让人羡慕的人文景观，更有独特别致的异域风情，离开之时，携一片晚秋的枫叶，夹在日记中，让它为生活中所有的点滴润色，全都如它一般，填满那灿烂的红。

华埠

温哥华的华埠是北美第二大唐人街，有超过百年的历史。在街区内，房屋建筑的设计十分独特，既融合了英国维多利亚时期的设计风格，又包含进中国传统的古典元素。另外，在这里还能一览“中山公园”的秀美，是中国之外的古典花园。

尼亚加拉大瀑布

Niagara Falls

飞　流　中　的　震　慑

面对自然的壮观，即使再宽广的胸怀也会自叹不如。那些大自然独特的造诣，总在不经意间敲开人们紧扣着的心弦。其实生命中真的没有什么困惑值得为之纠结不已，旅途中那些壮丽的风景，有幸观之，有幸闻之，已然是三生修来的福分。

尼亚加拉大瀑布是加拿大的骄傲，因为它足够雄伟，才能跻身于世界七大奇景之列。它在全球瀑布中封冠，成为北美最著名的旅游胜地。但凡来到加拿大的人，一定会寻着它的气息一路前进，如果没到过这里，就如同从未踏上加拿大的土地。

从多伦多始发，历经 90 分钟的车程便可抵达尼亚加拉大瀑布。沿途风景秀色可餐，令人心旷神怡。这条公路，曾被丘吉尔赞誉为“全世界假日驾车休闲最漂亮的地方”。尼亚加拉瀑布市，街道两边林立着各色商店和各种娱乐场所，博物馆、蜡像馆、马戏团纷纷挤入人们的视角，这些充满异域风情的地方着实让人眼花缭乱。来尼亚加拉公园旅行，更像是在参加联合国集会，世界各地的人欢聚一堂，各种肤色往来如梭，各种语言穿插其中，将整个城市点缀得别有一番趣味。

还没有看到大瀑布，耳朵里已经传入巨大的轰鸣声，这声音让人脑海中的意象破壳而出，不由自主地幻想着大瀑布飞泻而下时的壮观场面。声音似乎一直在牵着人们的脚踝，朝着瀑布疾速前进。

尼亚加拉大瀑布坐落在加拿大和美国交界的尼亚加拉河上，落差近百米。它以山羊岛为界，分为三部分。最东面名为“美国瀑布”，挨着的小瀑布名为“新娘面纱瀑布”。最为出名的瀑布在加拿大境内——马蹄瀑布。马蹄瀑布高 56 米，宽 675 米。瀑布倾泻的瞬间，瀑面犹如一轮皎洁的半月悬挂于两岸间，气势磅礴中，望见巨流滚滚向前，伴随着一阵阵的轰鸣，水声震天……

如果赶上天气晴朗、阳光灿烂的日子，瀑布的水花会生成一道七色彩虹，像声势浩大的派对间歇中为人们的观赏献上的特别礼物。远观瀑布，浓浓的白色水雾飞舞在空中，高度甚至超过瀑布本身的两倍还多，翡翠一样的绿在水面上散落开来，比成千上万颗秀美的珍珠更加动人。

这里原本是人迹罕至的地方，200 年前，印第安人发现了大瀑布，在没有看到瀑布以前就已经听到瀑布的轰鸣，印第安人认为这巨大的声音是雷神在讲话，“尼亚加拉”在印第安语中有“雷神之水”的意思。直到 1678 年，一位法国传教士来这里传教时发现了震撼人心的大瀑布，他详细地记录下这里的点滴，尼亚加拉大瀑布从此走进了人们的视野。

如果愿意，还可以与上千人一起乘坐游船，身披蓝色雨衣，深入瀑布之中。跟随游船一起，先游经美国瀑布，再开往加拿大瀑布，亲身感受瀑布狂泻直下时的惊心动魄，这样的机会，实在难得。

巴西

Brazil ·热情沙漠

奔放的人群来到了热情的地域，仿佛干柴遭遇烈火。巴西是全世界最为热情的国家，无论是阳光沙滩还是热带雨林，都让人印象深刻。记忆中的巴西就像舞动的草裙，在扭动的过程中，热度不断向上，疾速攀升……

亚马逊 Amazon

征服亚马逊

在古希腊神话中，亚马逊族是一族骁勇善战的女强人。1952年，西班牙探险家弗朗西斯哥首次路过一条河，在河边，他遇到了生活在这里的长发印第安勇士，脑海中立刻呈现出亚马逊族的原型。于是，他将这条刚刚游历过的河命名为亚马逊河。

抛开好莱坞电影不说，亚马逊河流域似乎在全世界人的眼中都是一块危险领域，广袤无垠的热带雨林、交错纵横的蜿蜒河道、谈之色变的凶猛食人鱼、贪婪狡猾的巨大鳄鱼……如果能徒步穿越亚马逊，不是英雄也算半个勇士。

面对深不可测的热带雨林，如果没有专业的向导是绝对不能贸然进入的。热带雨林是一种极为茂盛的森林类型，一旦进入便彻底与世隔绝，抬头看不见蓝天，低头满眼阴湿的苔藓，丛林密不透风，潮气湿气纵横，光线暗淡，脚下一片湿滑。然而，就是这样的地方，却成为了生物的乐园，无论动物还是植物，都在这里快乐地生长着。

要进行亚马逊流域探险，出发点便是巴西著名的旅游城市玛瑙斯市。在那里包一条船，随时可以去感受神奇的亚马逊。虽然亚马逊河流域是世界上著名

亚马逊典雅的绅士们。但一定要当心，它们华美漂亮的外表本身就是剧毒武器。

的自然景观，可是生态环境却没有被旅游破坏，也没有任何冗余建筑。

真正的探险开始了，船驶入一条不知名的支流，热带雨林之旅就此展开。参天的树木，盘根错节的树根，空中飞翔的各种鸟儿，虽然眼前一片美好，可是一想到水面下随时可能跳出的恐怖食人鱼，心中还是会觉得不寒而栗。即使不是食人鱼，在这猛兽泛滥的丛林，还是多加防范为好。

亚马逊热带雨林中形形色色的主人。

一种野生的气息充斥着整个行程，心中却开始滋生出感慨，原来世界上真的还有这样原始的地方，供生灵存活、繁衍。

回到印第安人的水上餐厅，一项有意思的活动正在展开——当地印第安人正在钓鱼。原来，他们正在钓的，正是传说中的食人鱼。一提到食人鱼，那两排锯齿一样的牙便在脑海中跳跃，听了导游的解释，才彻底放心。原来，靠近岸的食人鱼尺寸都比较小，如果赶上枯水季节便多了一丝险情，那时候大号食人鱼或整个鱼群都会游到岸边寻找食物。

放些鱼饵，抛下鱼钩，在亚马逊“征服”食人鱼，这样，我们这些凡人也能成为勇士！

里约热内卢

Rio de Janeiro

欢 乐 的 青 春 之 城

里约热内卢代表着巴西风情，因为这里同时拥有阳光、海滩、桑巴舞和足球——这四样是巴西人的至爱，而里约人把对这四样东西的热爱演绎到了极致。

里约的东面和南面完全为海湾所环抱，从东面的火烈鸟海湾一直延伸至南面的巴哈海湾。卡巴卡巴纳的海如一片翡翠，逐渐转深，变成墨玉。伊帕尼玛的海似初夏的树林，深绿的波涛对着白云歌唱。巴哈深蓝的寒波溶溶千里，没入天际。勒巴隆蓝得明亮，海阔山遥，岸边山石嶙峋，长年经受风吹浪击。

依山而建的豪华大酒店。

在里约的海滩上，几株高大的椰子树、海水浸润的白沙滩、蓝天上云彩飘荡的韵律和着瀚海里白浪闪动的节奏，共同营造出令人眩晕的氛围。世界坐拥这样白的沙滩、奇峰高耸的海湾，望见基督山的湖泊和浓密清凉却又红花如星的森林的城市，只有里约热内卢。

里约热内卢的城市里到处是美丽的海滩，滩上，戏水的、晒太阳的、打排球的、踢足球的，到处人头涌动。迎面而来或擦肩而过的男女老少都是一身泳装，皮肤黝黑。这里的比基尼，全球闻名。不仅是在海滩上，大街上也随处可见比基尼，无论是本地人还是外地人，无论是年轻的还是年长的都身穿比基尼。南美女人非常有勇气和自信，都能最大限度地展示自己的身体，无论年龄，也无论美丑。

在巴西随处可以听到震耳欲聋的音乐，巴西人就是伴着这些音乐跳让人痴迷的桑巴舞的。桑巴舞源于非洲

沙滩、清风和大海

舒格洛夫山

的“肚皮舞”，当年由被贩至巴西的非洲奴隶传入。葡萄牙人又带来了狂欢节。狂欢节里跳桑巴、看桑巴，成为巴西的流行。里约的狂欢节是巴西规模最大、最有影响的节日。

在街头、海滩上，随处可见一群群足球少年。里约人会自豪地告诉你，济科、罗纳尔多、小罗纳尔多、里瓦尔多……这一个个世界级球星均出自里约，而且有好多是出身于贫民区。情侣们可到那个可容纳16万名观众的大球场去，当年球王贝利就是在这个球场踢进了他的第1000个入球。球场入门处有济科、罗纳尔多、小罗纳尔多、里瓦尔多等球星留下的大脚印，还有两名出自里约的巴西国家队守门员的手印。来此度蜜月的情侣们可以在球场商店里买上一个足球留给自己做纪念，或是送给亲朋做礼物，都是一个非常不错的选择。

里约热内卢就是这样一座城市，没有过于奢华的外表，但是其由内而外散发出的动人气质，却是无人能及的。

阿根廷

Argentina ·奇域之邦

阿根廷的一切都充满了传奇的色彩，这些传奇因时间而生，因时间而熄……千年部落、万年山脉、亿年冰川，时间雕刻出一座城，且对它倍加关注。

安第斯山脉

Andes

最长山脉

安第斯山脉雄踞七国，长约9000千米，像一条巨龙侧卧于整个美洲。它的长度是喜马拉雅山的3倍还多。整个山峦气势雄伟，绚丽多彩，被誉为世界上最为壮观的自然景观之一。

安第斯山脉属科迪勒拉山系，从北美延伸到南美，山系全长8900多千米，也是世界上最长的山系。在安第斯山脉中，有许多海拔超过6000米、峰顶终年积雪的山峰，其中以南部山峰的阿空加瓜为首，它海拔6959米，是世界上最高的死火山。另外，耶亚科火山海拔6723米，是世界上最高的活火山。

在安第斯山脉，有一种飞禽十分著名——安第斯秃鹫，也有人称它为安第斯神鹰或南美神鹰。在世界上现存的鸟类中，除了极少数只会走不会飞的种类以外，大多是飞行鸟类。而安第斯秃鹫，便是飞行鸟类中的巨人。一只安第斯秃鹫，双翅展开竟然有5米宽，是当之无愧的“巨鸟”。

安第斯秃鹫生活在偏僻的安第斯山脉的高峰上，同时出没于秘鲁的海洋，因为体积巨大，被人们称为“百鸟之王”，有人叫它天骄。它威武的姿态，

安第斯山区的原驼

轩昂的气宇，在智利被尊为国鸟，看看智利的国旗和国徽，你便即刻就会了解它的外貌。安第斯秃鹫通常在险峻的岩石突出部分筑巢，目光十分敏锐，即使在高空盘旋，也能看到周围15千米内同类的动向。一旦发现死去的动物或鱼类，它们先是高空盘旋，之后迅速飞下啄食。

安第斯山脉一直以来都以神秘著称。

有这样一个神秘的传说：在安第斯山脉，有一个神秘的“小人国”，国家里的人们身材十分矮小，却异常凶猛好斗。他们攀缘比猩猩还要迅捷，奔跑比猿鸟还要迅速，他们用木棍和石块做武器，同时还可以使用弓箭和长矛。他们具有高超的射击技术，带着毒液的箭能射中每一个猎物。他们残忍异常，对待俘虏不仅要生吃身上的肉，还要把头砍下来用一种特殊的方法将头颅缩小到拳头那么大，相貌却丝毫未变。将战利品用绳子串起来挂在门前，便是光荣和吉祥的标志。然而一次意外的火山爆发，小人国在地球上就这样消失了。缩头术也就此失传。

后来，有学者解释说，干尸形成于一种古代的殡葬仪式，部落里的族人死了，便用一种叫做“特山德沙”的药水浸泡，过了很久，便变成了后人看到的不足一尺的样子。这便是小人国之谜。

神奇的安第斯山脉，从过去到现在，或许因为它的庞大、它的浑然天成，总有说不尽的传说等待人们去探究。

安第斯山脉间的草地。

西部安第斯山脉的卫星视图。

阿根廷冰川

Los Glaciers

亿 万 年 的 沉 淀

那是一种几近静态的深度睡眠，使得绵长的安第斯山脉在熟睡中忘却寒冷。经年累月之中，河流不断涌入，望见山脉熟睡中的温柔，心生笑意，从此不愿离去。汇合、凝聚……在山脉睁开眼睛的刹那，一片无边无际的冰的世界瞬间形成，晶莹剔透，清纯之至。

阿根廷冰川湖坐落在阿根廷南部的圣克鲁斯省，面积超过1400平方千米，湖深180多米。从阿根廷海滨城市布宜诺斯艾利斯出发，不到3个小时的飞行，初见阿根廷湖端倪。从舷窗可以看到连绵不断的雪山，紧接着是或宽或窄的湖面，淡青乳白交替其中，蔚为壮观。

从驻地到景区要经过近百千米的山道，一路行来，清澈的湖面时隐时现，渐渐地，眼前的山脉逐渐发生变化，山峦开始披起白色的纱巾。然而植被的数目却未因气温的下降而减少，到处是密集的乔木灌木和针叶阔叶植物，繁茂地连绵在一起。这里虽然纬度较高，已经接近南极，但温度却不是很低，年平均气温在 10℃以上。

阿根廷冰川湖

进入景区后，眼前豁然开朗。浩渺的湖水，巍峨的雪峰，远处一片云雾缭绕。荆榛植物开满殷红抑或金黄色的花朵。穿越茂密的丛林，再经过几段坡道，终于抵达传说中的冰川湖观测台。

浩瀚的湖面之上，在无数雪峰形

走在冰川的脊梁上，与天相拥。

我更愿意说，它们是精致的美玉。

成的峡谷间，一道巨型冰墙就这样矗立在乳青色湖水中。高约 10 多米，宽约 4000 米。冰墙晶莹剔透，造型独特，像被斧子劈过一般整齐。冰墙纵深层叠，突兀如涨潮时的浪花，不断地向前延伸，直到湖的尽头，山的尽头，天的尽头。

在这样的壮观奇景前，人们早已掩饰不住惊诧的面庞，霎时间，一阵炸雷般的爆裂声，只见一处巨大的冰柱轰然倒塌，泻入湖水中，卷起千重浪花与冰屑。

在湖面上，大小不一的浮冰闲适地漂浮，日光下，闪耀出美丽的光芒与绚丽的色彩，如琥珀，如碧玉。绿树、碧湖、冰川、雪山相互辉映，相得益彰，构成一幅绝世美图。望着如此美妙的景色，顿时间让人忘却自我，不知身在何处。

眼前的冰川有着好听的名字：莫诺雷，年龄只有 20 万年的它属于冰川中的少年，世界上许多大的冰川都已经处于停滞状态，但是莫诺雷还在行走，生长，不断地延续着它生命的轨迹。每天，它都向前推进 30 厘米，像一个快乐的孩子，在努力实现自己长大成人的理想。

在这些冰川面前，谁能不陶醉？自然的一切皆来得如此艰辛，一如我们的人生。然而，虽然辛苦，那成长着的快乐，却让人备觉温馨。

智利

Chile·迷离剪影

这世上，因为有距离才有了美丽，因为有谜面才有人去解开谜底。智利，就像一个大自然设立的神奇谜题，矗立在遥远的地方，等待，等待……千百年来都在等待懂它的人去揭开它迷蒙的面纱。

复活节岛

Easter Island

永恒的谜面

海浪拍打在黝黑的礁石上，不时发出轰鸣响声，阳光愈发炽烈，刹那间，天地一片眩晕。这里是太平洋腹地，却充满太多迷离的色彩。明明是逐渐消匿的土地，考证结果却南辕北辙。或许，它本身就是个没有答案的谜题。

1722年的复活节，因为一次巨大的发现，使其在历史中留下神秘的瞬间。那天，荷兰人罗格温率领着一批欧洲水手首次抵达智利波利尼西亚最东面的一个小岛。上岛的瞬间，他被眼前诡异的景象震惊：数以万计的巨大石雕遍布整个岛上，奇形怪状的长耳朵、阴冷的表情的雕像从各个角度“瞪着”他们，让人顿时汗毛竖起，不寒而栗。

一直以来，智力的复活节岛作为世界上的文化谜题，吸引了众多探险者，然而，它真正的价值被埋得更深——在坚硬且贫瘠的火山岩石的底层深处，巨大的秘密就包裹其中。杰出的人类学家和海上探险家海克达尔成为第一个揭示惊天秘密之人。4个月的发掘、考察，不断的观测、探究，海克达尔和他的探险队一直没有停歇，一路观察，发现复活节岛上的这些石雕像有千尊左右，一般卧在野山坡或海边，也有几十尊竖立在海边，像一支队伍，成群结队，与大海对视。

这些雕像都只有上半身，但是造型却异常生动，无论是直挺的鼻子还是炯炯的眼睛，无论是长长的耳朵还是翘翘的嘴巴，他们统一姿势，双手放在肚子上。5到10米的高度、几十吨的体重，使它们更加沉稳地站在这里。当地人称它们为“莫埃”，由黑色的玄武岩和凝灰岩雕凿而成。其中一部分还有贝壳镶嵌成的眼睛，阳光之下，闪闪发光。

原来，这里是复活节岛战时专用的避难所。洞里覆盖着一层厚厚的垃圾，可见时隔日久。洞穴紧密相连，如蜈蚣一般。洞口处十分狭窄，只有通过畸形的通道才能进入。放眼望去，洞底大堆鱼骨贝壳，其中夹杂着禽类的骨骼。与此同时，石头、人骨和由火山玻璃制作成的原始工具也清晰地呈现……一切的一切，让海克达尔再次陷入谜题，究竟什么样的人建造出这样别具匠心的居所？岛上的石像由谁雕刻？有什么象征意义？又是怎样移到远在几十千米外的海边？

至今，仍没有人能给出确切的答案，人们把这样奇异的建筑归功于外星人，但这也不过是寄予了一份期望在巨石雕像身上。人们时刻期盼着，有一天，专家学者们会给出科学而圆满的解释。

会说话的木板

在复活岛石像附近，曾发现过刻满神奇图案的木板，人们称之为“会说话的木板”。由于当年传教士的抢掠，如今只剩下25块，保存于各地著名博物馆。这些木板长约2米，上面刻有鱼、鸟、草木、船桨等。然而，这些图案究竟是什么，又在传达些什么，至今还是未解之谜。

这位石头巨人满眼的感慨，独对着开阔的草原以及远方的海洋。

秘鲁

Peru ·娟秀沃土

满眼的碧波荡漾，满眼的光怪陆离，在这片美丽却充满传奇色彩的土地上，伫立着美丽的秘鲁，它在那里微笑。诺言载不动岁月的沉重，自然的神奇力量却携起诺言，共同担负岁月的沉重，历久弥新。

的的喀喀湖

Lake Titicaca

印第安人的美丽栖息地

水神的女儿伊喀喀爱上了青年水手的托，水神发现后勃然大怒，凶狠地将的托淹死。伊喀喀将爱人的尸体拖出水面，将他幻化为山丘，而伊喀喀则变成浩瀚的湖水，从此以后山水相依，永不分离。

山中有湖，湖中有岛，景色秀丽，湖岸蜿蜒。在秘鲁境内，有45条河流注入这个湖，它不仅是一个美丽富饶的地方，更是印第安人文化的发源地——的的喀喀湖。

的的喀喀湖位于玻利维亚和秘鲁两国交界的科亚奥高原上，面积有8300平方千米，海拔3812米，水深140～180米，是南美海拔最高、面积最大的湖，也是世界上海拔2000米以上面积最大的淡水湖。

印第安人将的的喀喀湖奉之为圣湖，阿依马拉族人认为，他们世代崇拜的创造太阳与天空星辰的神祇便来自于此湖湖底。一直以来，这里因神秘而更显得美丽。印第安人依据传说，将伊喀喀和的托的名字合并在一起，便成为今天的“的的喀喀湖”。

的的喀喀湖作为南美洲最梦幻的旅游目的地之一，其独特的景观在于人文自然资源。海拔3800米以上才能享受到的清冽的空气、最接近太阳本色的阳光、比天空还要湛蓝的湖水与印第安人的文化巧妙融合，形成了独一无二的地域文化。这里的人们至今仍在使用印第安语，且多是虔诚的天主教徒。

的的喀喀湖旁被废弃的城堡。

本地人就以这种草编的小船作为水上工具。

在的的喀喀湖，最受人喜爱的旅游项目是乌鲁斯人的漂流岛。乌鲁斯人是印第安阿依马拉族中的一支，他们作为一个小小的部落，当年为了逃避印加帝国的侵略逃到这里，他们靠芦笋为生，并用芦笋根制造出巨大的浮岛。在浮岛上，他们用芦苇造房造船，从此世世代代生活在这里。他们用芦苇造物的手艺令人赞叹。

湖心中央，小岛塔丘勒沿水而立。这里湖水靛蓝，风景秀美，放眼望去，上有天际翻滚的云层，下有疏密有致的作物，中间简朴雅致的石拱门清晰可见，和西西里颇有几分相似。在岛上，全部的居民都是盖丘亚族人。岛上的居民最擅长绒线编织，无论男女，随处可见他们骄傲地戴着自己织的绒线帽子。千万别小看这些帽子，其中的讲究颇多：帽子全红表示已婚，红白相间就表示单身。

乘坐着小游艇漫游的的喀喀湖，一切都因神秘而倍加吸引人。倔强的香蒲船冲破湖水傲然挺立在湖面上，交错的水道便在这样的景致中延伸开来。生活在湖上的乌罗人常常划着一种由芦苇和香蒲编织成的“托托拉”小船，在水道上自由地行走。小船两头尖尖且微微翘起，灵巧地航行在湖光山色中，成为的的喀喀湖上独特而别致的风景。

纳斯卡荒原

Nazca wilderness

时光的印记

时间的轨迹，抑或是生命的痕迹。无论哪种，都值得人们去探寻。在一片荒芜中，原本的苍凉却没能掩盖历史文明的伟大，那是一种不朽，亘古及今。

纳斯卡本是一个名不见经传的小镇，却在20世纪中期的短短几年闻名于世。大批古董被发掘，里面包含难得一见的彩陶和纺织品，作为殉葬品的这些古董引起全世界历史学家和考古学家的注意，前往纳斯卡探究缘由的时候，更令人惊奇的事情发生了：在纳斯卡上空可以看到许多巨大的图案在谷地上显示。人们就此称呼这些图案为“纳斯卡谷地巨画”。

旭日东升，站在纳斯卡山峰之巅，奇异的巨幅美丽画面就展现在眼前。长方形、三角形、平行四边形、蜥蜴、蜘蛛、章鱼、老鹰、海鸥……所有巨画的轮廓清晰可见，每个图案都有几百平方米之大。其中挥翅的巨鸟，光是翅膀就有 50 米长，身子长达 300 多米。这些图案不仅层次分明，甚至有人说他们像是从一个模子里制作出来的，精细度极高。随着太阳不断升高，这些巨画逐渐隐匿起踪影，消失不见。这便是巨画最为神奇的地方，在遥远的古代，艺术家们已经懂得利用光学原理来进行艺术创作，以此为后世留下不朽的艺术珍品。因为它们的神秘美丽，纳斯卡谷地的巨画就此被封为“世界第八大奇迹”。据推测，纳斯卡巨画最早出现于公元 1 世纪。辽阔的荒原上，它们的出现让所有人为之着迷。

后来，一直有专家和学者将时间和精力全部投入到对纳斯卡巨画的研究中。1932 年，德国妇女玛丽亚 · 莉切来到秘鲁研究印第安文化。她定居在纳斯卡荒原，对这些巨画的线条反复

研究，之后出版了《秘鲁的纳斯卡－潘帕的秘密》，同时，她还每天清扫覆盖在画上的沙石，直到 1998 年去世。秘鲁政府为她举行了国葬，以表彰她对这个文明遗产的毕生保护。

纳斯卡这片神秘的考古沃土，还孕育着其他振奋人心的奇迹，卡瓦奇锥形塔便是其中之一。这些看似平淡无奇的建筑，用木条、藤、竹凳捆绑在一起，外面涂盖着泥土，可是有几座却与其他不同，它们也许是用来供公众集会或进行祭奠的场所。大寺庙是其中的代表。

大寺庙是一座有石阶的塔形寺庙，在斜坡上建造，坡度一直升至 20 米高。庙前有长方形土砖垒成的墙，基底周围有土砌的房间及广场。相传在纳斯卡文化的早期，传教士占有很重的比例，可是宗教活动却鲜为人知。从后来发掘出的陶器和纺织品上的动物可以直接了解当时纳斯卡人所尊奉的神圣动物和吃过的食物。

在秘鲁的博物馆，许多展现纳斯卡各时期文化的陶制品被陈列其中，最著名的是一件存放于利马的精品。手绘的陶壶上画有多种飞禽鸟兽，庄稼的图案也清晰地呈现，魅力非凡。

在秘鲁海岸干旱的草原上，无可置疑的美丽使这片土地熠熠生辉。人类始终难以抗拒它的吸引，古老的文明注定发扬光大，注定被后世铭记。

墨西哥

Mexico · 古城眩光

古老的文明曾在这里活跃，古老的故事曾在这里发生，现世的人们用无数假设和猜疑去还原古城最初的模样，而古城却始终笑而不语。没有人在乎结果，只有墨西哥知道，很久很久以前，这里曾是怎样的一番景象。

特奥迪瓦坎

Teotihuacan

迷　离　古　城

1400年前，当欧洲的撒克逊人还处在未开化的野蛮状态时，这里已然成为一座雄伟壮观的城市。这里曾居住着15万人口，有着宽阔的街道和灿烂的文化。然而几百年后，它却忽然间成为一座废弃的空城。

在墨西哥城东52千米处，有一座荒凉的小山包，沿着小山包一路寻找，著名的古城遗迹——特奥迪瓦坎就隐藏在这里。现代考古学家认为，它始建于公元前1000年，那时候，连古老的罗马帝国都还未建立，古希腊也正陷入特洛伊战争之中。且不说它的古老，它真正让人们震惊的是：整个特奥迪瓦坎竟然是严格按照一个完备的城市结构而建造的。

但凡古代的城市大多依赖于自然的形成，无论是罗马还是长安，到处都能看到杂乱无章的地方。然而特奥迪瓦坎所有的建筑竟然都是经过精心的设计，四方格局统一而有序，构成一个巨大的几何图形。广场中两条大道垂直相交，其中“黄泉大道”更是让后人刮目相看。

“黄泉大道”的名字来自于阿兹特克人，他们一直执拗地相信，

特奥迪瓦坎神庙上的石雕。

雄伟的太阳金字塔。

金字塔上的石雕

街道两旁的建筑是诸神的坟墓。16 世纪，西班牙人到达墨西哥，当时生活在这里的人们尚处于石器时代，他们便是阿兹特克人。阿兹特克人将这里称为特奥迪瓦坎，其含义为“众神的得道之所”。10 世纪的时候，这里已经沦为一座废弃的空城。在阿兹特克人的古老传说中记述着这样的句子：黑夜，太阳还没升起，诸神降临这个地方。他们认为这里是诸神升天后遗留的城市。如此说来，“黄泉大道”的名字便也来源可知了。

在黄泉大道的东面，有一座塔高 66 米，塔基宽 222 米，长 225 米的太阳金字塔，与著名的胡夫金字塔比较起来，它的体积更为巨大。该塔设计，采用了古印第安人视为神圣的五点形符号，在四方形角各置一点，第五点在正中代表生命的中心。

有人认为，太阳金字塔中心一点代表着宇宙的最中心，在阿兹特克人的传记中，也有过类似的描述。有人曾在春分的那天，站在太阳金字塔顶向西眺望，太阳在一块标有记号的石头下沉没于地平线，不差分毫。

神秘的气息一直笼罩着特奥迪瓦坎……然而，就在公元前 750 年，仿佛这里的所有文明在一瞬间销声匿迹，之后便是一片衰落的景象，只留下迷雾般的色彩和让考古学家百思不得其解的谜团。

玛雅人留下来的天象台。

奇琴伊查 Chichen Itza

消失的玛雅文化

他们居住在一个小村子里，每逢重大事件都会聚集在一起讨论、商榷，他们是农业专家，是建筑行家，又是数学高手。他们似乎从天而降，却又在最为繁华之时，销声匿迹，戛然而止。

在墨西哥，玛雅文化遗址比比皆是，正因为这个民族曾有过世人皆叹的繁荣，所以在悄无声息的陨落后，仍引着许多人追溯。已发掘的玛雅文化遗址中，最著名的便是位于尤卡坦半岛上坎昆西南200米处的“羽蛇”之城——奇琴伊查。玛雅语中，它的意思为“玛雅人的井口”。距离奇琴伊查不远处有两个天然瀑布，伊查人选择这个有水的地方定居下来，从此将这里命名为奇琴伊查。

奇琴伊查始建于公元 5 世纪，在最鼎盛的 7 世纪，占地面积超过 25 平方千米。13 世纪时突然遭到废弃。在历史上，它是

如今虽已是废墟，但它的残破却增加了它的雄奇。

玛雅古国最大、最繁华的城邦，勤劳智慧的玛雅人在这里建造了数百座建筑物，金字塔、勇士庙、千柱群、天象台……这些建筑无不揭示出玛雅古国曾有过的惊世骇俗的繁华。

库库尔坎是古城中最大的建筑物——一座金字塔，它位于城中央，意为“羽蛇风神”。据说，古老的玛雅人一直崇拜蛇神和雨神，羽蛇神是墨西哥古印第安人崇拜的神，掌管雨水与丰收。这里的许多建筑上多都印有这个形象。库库尔坎金字塔占地3000平方米，高30米，四周都是陡峭的阶梯。如今其中的两面已经被风化得无法攀登，只剩下另外的两面在经过修整后供人们攀爬。整个金字塔的台阶共有364级，加上塔顶神庙共365级，与全年天数刚好吻合。

看着他，我们不禁会想，奇琴伊查的全部只是他不经意的回眸。

最为传奇的是，每年春分和秋分的日落，太阳照射在金字塔边沿形成的影子与塔底雕刻的蛇头结合，仿佛一条巨大的羽蛇在蜿蜒爬行。整个幻象持续3小时22分，一秒都不差。这个神奇的景观被称为“光影蛇形”。1968年，科学家为了破解这个谜团曾在金字塔每天的同一时间用同一设备进行测量，最终所得到的图形与春秋分完全不同。

金字塔西侧，有一座巨大高耸的石头建筑，据说这是玛雅人的球场。迄今为止，它是美洲印第安人文化遗址中最大的一个。有资料记载，这个球场的作用不是娱乐，而是祭祀——玛雅人向神献礼的地方。比赛中，两队七人的武士争抢一个橡胶球，获胜的一方，队长将光荣地被挖出鲜红的心脏，作为献给神的祭品，摆放到恰克摩尔神像的怀抱中。这种近乎残忍的游戏在玛雅人中流传上千年，据说球场旁边那座神殿中，镶满骷髅头的石像便是曾经胜利者们的头像。

令人费解的是，13世纪时，奇琴伊查古城被突然废弃，被热带丛林吞没。从此，古城与玛雅文化一并拂袖而去，幻化成风。

Chapter-5

非洲激情之旅

• 乐园不曾失落

Africa

南非

South Africa

·原始狂野

提起南非，人们可能马上就会想到“炎热”、“贫穷”、“黄金”和“动荡不安的战争”。然而，当你真正地踏上南非的土地，就会发现，这里原来有你想象不出的清洁和美丽。靛蓝无尘的天空、斑斓多姿的野生动物、黝黑躁动的人群……浓艳绚丽，这才是南非的色彩。

约翰内斯堡

Johannesburg

偶然的邂逅

在瓦尔河上游的高地上，有一座充满生机和活力的城市，叫约翰内斯堡。这里大厦林立，环境优雅，一踏上这里的土地，凉爽而清新的空气扑面而来，使旅途的疲惫和不适一扫而光。

初到约翰内斯堡的人，一定会被它林立的大厦、众多的娱乐场所迷惑，以为这里只不过是南非一个普通的温柔之乡。然而，你真正待上一段时间后，就会发现，这里不仅有着甜美的温柔，也有这世上难得的阳刚。

踏上约翰内斯堡的土地，你会发现，这是一个很静的城市，没有喧嚣，也没有吵闹，甚至在街上也只看到三三两两的人群。放眼望去，满是青葱的树木和绚烂的繁花，树木、繁花下掩映着稀稀落落的建筑。如果很巧，你是在紫薇盛开的季节来到这里，就会体会到约翰内斯堡的温馨与浪漫。行走于这个城市的大街小巷，扑入眼帘的，沁到心里

约翰内斯堡大街上的钟楼。

❖"黄金之城"的黎明

❖凯尔文电站的冷却塔。

的，满是紫薇淡淡的花香。或许历经几番风雨后，在一个细雨的早上，美丽的花瓣自树枝上轻轻飘落，虽然不知为何，但大街小巷那缤纷的落花，却让人顿生一种时光飞逝的感慨。所谓"落花人独立，微雨燕双飞"，正是这样的情绪吧。

尽管约翰内斯堡如此的温婉，但你却绝不能被这些表面的温柔所诱惑。记得有人曾说过"一进纽约，你就忍不住想钱"，可是到了约翰内斯堡，便没有人再想到钱了，他们想的是比钱更有价值的东西——黄金。

除了安静、温婉外，约翰内斯堡还是一个彻头彻尾的"黄金之城"，不仅有众多的黄金博物馆、黄金加工中心、黄金城、黄金地下矿，就连这个城市本身，其实也是一个探矿站。如今，约翰内斯堡已经成为世界上最大的产金中心，每年产出全世界40%的黄金，这让它变成了一座确确实实的"黄金之城"。

这就是约翰内斯堡，一个拥有着温婉与阳刚双重特点的城市。来到这里，就像经历着一场温婉与阳刚的邂逅，那么平静而又激昂。而当夜幕降临，整个城市灯火通明，建筑物上的霓虹灯齐放异彩时，或许你会想：如果能在这里度过自己的余生，让日子在甜蜜和激情中悄然而过，那该是多么美好！

克鲁格国家公园

Kruger National Park

在野生动物的世界徜徉

克鲁格国家公园，是南非的骄傲。如果你有足够的胆量，如果你有足够的承受能力，如果你想在自然原始的环境里能与或凶猛，或温和的野生动物做亲密的接触，那么来克鲁格国家公园吧。

世界上再也没有哪个地方，能像非洲一样，拥有如此庞大的野生动物群；世界上再也没有哪个地方的野生动物，像非洲的野生动物一样，如此狂野、迅猛。而南非的克鲁格国家公园，就是这样一个为了保护野生动物而存在的地方。

克鲁格国家公园位于德兰士瓦省东北部，勒邦博山脉以西地区。在南非境内的18座国家公园中，克鲁格国家公园占据着首屈一指的地位。即使在整个非洲地区，克鲁格国家公园也是面积最大的自然保护区之一。

在克鲁格，人们可以看到这个世界上最多的野生动物。据说，这里有330多种植物、500多种鸟类、140多种哺乳类动物、114种爬行类动物，以及近50种不同的鱼类。在这里，只是羚羊的数量就超过了14万只，其他如野牛、斑马、非洲象等也达到了数千只，甚至上万只。但尽管这里生活着如此多的野生动物，它们却像天神的使者一般，在枯枯黄黄的草木之间，平静而悠然地过着自己的生活。

克鲁格国家公园在地理上分为丘陵平原、山地、冲积平原、草原和砂岩丘陵几个地形，而且动植物纷繁复杂，因此，到这里看野生动物，首先要学会寻找适当的时间和地点。夏季草木茂盛，虽然一眼望去郁郁葱葱，美不胜收，但却很难一眼发现要寻觅的动物。相反，冬季草木枯萎稀疏，尽管看上去没有夏季的生机盎然，但一望无际的荒原，也会给久居城市的人们一

且不说它鲜亮的黄衣服，也不说它优美的体形，仅仅看它高贵的气质，你就会惊叹不已。

正在饮水的黑羚羊母子。

非洲象

猎豹

种难得的苍凉、辽阔之感。更重要的是，此时的动物大多集中在水源附近，一眼望去，尽是悠闲的狮子、舒缓的大象、机警的羚羊。

在克鲁格国家公园最为常见的动物——黑斑羚，是擅跑的健将，体态匀称健美，奔跑跳跃时似乎能摆脱地球引力一样十分轻盈，棕褐色的毛发光洁润滑，晶莹闪亮的眼神永远显得天真无邪。

当然，很多时候，旅行的人会被克鲁格狮子、花豹的凶恶的外貌吓住，当你行驶在如荒原般的克鲁格时，猛然一只雄武大狮子出现在面前，看着它慵懒地打着呵欠，有意无意的目光肆意地瞥着行人，要不是有车窗的保护，很难确定它不会扑上来。可是，这些日日锦食的动物们，或许只是想吓吓这些大房子里的外来者，绕着行车走过几圈后，便悠然地走了。

在克鲁格，可爱的不仅是羚羊、大象、狮子，还有狒狒，以及各种鸟类、鱼类，这里有太多的动物值得去接近，有太多的神奇值得去感叹，看过它们悠闲而自然的生活，人生还有什么苦恼呢？

好望角保护区的十字纪念碑。

好望角

Cape of Good Hope

希 望 的 海 角

提起好望角，很多人都会想起儿时历史课上，航海家迪亚士苦难的一生，想起那狂怒浪涛下的悲惨。然而，也正是这样一个地方，恰是聆听大海声音、认识大海真面目的最好去处。

自从航海家迪亚士、达伽马的航船走过以后，好望角留给了人们太多的神秘和新奇。这个在非洲大陆上最南端的，沿着印度洋、大西洋海水的分界线蜿蜒地指向远处的南极大陆，曾经带给一个人如此深的伤痛，又带给另一个人巨大的快乐。

传说，在古希腊时，有一个叫亚当阿斯特的英雄，他具有超人的力量和勇气，而且很讨厌宙斯的统治。于是，他就联合其他99位巨人一起反抗诸神，并试图利用风暴颠覆宙斯的家园——奥林匹斯山。然而，他要攻打奥林匹斯山的消息却被诸神知道了，宙斯便派最伟大的英雄赫尔克勒斯和沃尔坎去迎战。在诸神面前，亚当阿斯特战败了。作为永久的惩罚，亚当阿斯特被流放到世界的尽头，埋葬在火山群峰之下，并最终化为峥嵘的山岳，就形成了好望角。

在这里，你可以与蓝天和大海合影留念。

然而，即使悠长的岁月，也无法化解亚当阿斯特的愤怒，他日夜咆哮，并叫嚣着，敢于在这一带海域搅扰他的人，都将得到最残酷的惩罚。据说，好望角上空怒号的狂

好望角像个淘气的孩子，孤身一人来到这大海中央，从此留在这里。

鸵鸟是好望角与大海最忠实的欣赏者。

风和肆虐的雷暴，就是亚当阿斯特不断巡游的魂灵。

1500年，迪亚士带着自己灿烂的黄金之梦，闯入了亚当阿斯特的禁地。当然，亚当阿斯特没有忘记对他的报复。当迪亚士再次途经好望角时，一场大风暴将他彻底打入了深深的海洋，因此，好望角也得了“风暴角”的美名。后来，葡萄牙国王以为穿过这个充满风暴的岬角，就会到达梦寐以求的“黄金之国”——印度，便将它改为“好望角”。

或许由于这个名字，但这个地方却真给葡萄牙王室带来了好运，从此，凡是往来于欧亚间的船只，都会在这儿停歇几天。人们渐渐发现了风和日丽时，好望角十分壮美：宽阔无垠的海滩上，有海水卷荡起的银白色浪花，一道道，一层层，排山倒海般向海岸涌来。海浪撞击岸边，又发出天崩地裂的巨响。

站在好望角上，俯瞰碧蓝的海水溅起的雪白浪花，感受那如悬崖峭壁般涌来的铺天大浪，任泡沫飞溅在脸上，有种独特的苍凉与宁静。你会完全沉浸在这略带腥咸的海风中，陶醉在西南大西洋灰蓝幽怨的深邃色彩里，让好望角像孤独的臂膀一样伸向海洋，任大浪日复一日对它们唱着深远的情歌，内心和灵魂都会升起清澈明净的希望。

埃及

Egypt · 金色梦幻

埃及，这个拥有着7000年历史的文明古国，同黄河流域的中国一样，带有神秘而微妙的东方气息。沙漠、骆驼、木乃伊、金字塔、神秘的狮身人面像，还有大量宏伟的神庙……一切的一切，没有什么比这些更能让人们感到历史的遥远与悠久了。

开罗 Cairo

沙漠中的明珠

蜿蜒的尼罗河，雄伟的金字塔，迎面而来的淡淡的沙漠的味道，这就是开罗，“尼罗河畔的明珠”。然而，这并不是开罗的全部。

开罗是这个世界上最古老的城市之一，坐落在具有同样古老历史的尼罗河畔。城区大部分位于尼罗河东岸，因而，向来有“尼罗河畔的明珠”之称。开罗有着深厚的历史底蕴，雄伟的建筑中，孕育着绝不相同的文明、绝不相同的宗教，以及绝不相同的文字。

进入开罗城，那耸入云天的高楼大厦、鳞次栉比的大型商店、超级市场、光怪陆离的广告牌与招贴画，让人时刻感觉到强烈的现代国际大都市气息。开罗的建筑风格可以说是东西兼具，西部以现代化建筑为主，具有当代欧美建筑风格，东部则以古老的阿拉伯建筑——清真寺为主。因而，行走于开罗城内，无论是在闹市区，还是在居民院，到处可见冒出尖顶的清真寺。

在众多的塔寺中，最高的是当代开罗最明显的标志——高约187米的开罗塔。站在塔上，满眼尽是川流不息的车辆，鳞次栉比的高大建筑，纵横交错、气势非凡的高架高速公路，伊斯兰教寺院的尖塔。

狮身人面像

开罗处处给人惊喜。有时走在街头，会与一头骆驼邂逅。当你看到体形高大，颈项曲线

金字塔、骆驼、阿拉伯人，似乎具备这三者，才是真正的非洲。

寺院的尖塔

优美的骆驼，在奔驰的车流里从容不迫地走着，你会感觉它不是骆驼，而是风度翩翩的绅士。如果你想看到成群的骆驼，则要去开罗市郊区，一个叫布尔喀什的小镇。在布尔喀什，有一个骆驼市场，成千上万头骆驼在此云集。因而置身于布尔喀什，如置身于骆驼的海洋，难免有些眼花缭乱。

置身于这骆驼的世界，需要小心翼翼，因为稍不留神，就会有驼群直冲而来。而驼群之外，骆驼贩子的吆喝声、挥舞的皮鞭声、骆驼的嘶鸣声和汽车喇叭声混杂在一起，嘈杂混乱如同一段理不清头绪的历史。驼群虽然混乱不堪，但定睛细瞧，你就会发现，这里的骆驼也是色彩缤纷，白色、浅黄、土黄、深褐，各种色彩一应俱全。此外，也有的骆驼身上烙上了主人的名字，有的被烫上彩色的标记，这样，骆驼的主人就好区分，哪些是自己的骆驼。

当然，如果你不想体会白天那炎热的天气，也可以选择欣赏夜晚的开罗。沐浴着清凉的晚风，听着静谧花园中的虫鸣，呼吸着空气中那沁人心脾的花香。如果可以，再给自己泡一杯薄荷味的阿拉伯甜茶，你会发现，这座现代文明与古老传统相交融、东西方色彩相辉映的城市，它的悠长意韵，如同浓郁芬芳的阿拉伯甜茶一样，需要你慢慢品味。

卡纳克神庙

Karnak Temple

迎 接 太 阳 的 地 方

4000多年前，每天清晨，当第一缕阳光到达卢克索的时候，法老和他的臣民已等待在卡纳克神庙前，用最虔诚的心迎接他们心中最崇敬的神灵。那是卡纳克神庙曾经的辉煌。

如果说开罗是一座“千塔之城”，那么卢克索就是一座“宫殿之城”。古老的尼罗河穿城而过，将其一分为二。古埃及人对太阳有一种难以言喻的崇拜，他们认为人的生命就如同太阳一样，自东方升起，西方落下。于是，便形成了尼罗河东岸是神庙和充满活力的居民区，河西岸是帝王、贵族陵墓的卢克索城的特别格局。“生者”与“死者”隔河相望，形成两个世界永恒循环的圆圈。

早在4000多年前，当卢克索还叫“底比斯”的时候，这里曾是埃及的“珍珠之地”，人烟稠密，广厦万千，光城门就有100座。如今，时光转换了4000多年，不仅历代法老在这里兴建的神庙、宫殿和陵墓，都变成了残缺不全的废墟，百门之都名存实亡，而且卢克索也早已失去了昔日的繁华，但它却成了那一段辉煌历史的见证，成为世界上最大的露天博物馆。

这些石雕的肃穆更衬托了这里的神圣。

现今卢克索的古建筑群中，保存最完整、规模最大的就是卡纳克神庙。卡纳克神庙位于卢克索以北5000米处，是法老（古埃及国王）们献给太阳神、自然

❖残败却依然雄伟的帝王谷。

神和月亮神的庙宇建筑群，有大小神殿 20 余座，全部用巨石修建。整个建筑群规模十分宏大，仅殿堂占地就达 5000 平方米。

卡纳克神庙中最高的建筑是一座方尖碑，它是世界上第一位女王、古埃及著名的女法老——哈特谢普苏特女王建立的。碑身高 29 米，重 323 吨，是埃及境内最高的方尖碑。早晨，当红红的太阳在地平线上升起，金色的阳光穿过卡纳克神庙中的方尖碑，穿过高大的塔门，不消一会儿，就染红了多柱厅“盛开”的纸草花大圆柱，投射到拉美西斯三世的神殿上。

❖他们面容破损，但威严依旧。

踏进卡纳克神庙的甬道，迎面而来的是不说巨大而厚重的塔门，多柱厅中的圆柱有 100 多根。走在卡纳克神庙中，最让人着迷的不仅是方尖碑、盛开的纸草花柱，还有刻在柱上、墙上、神像基座上的那些优美的图案和象形文字。

世上有许多地方是用来观赏的，然而，卡纳克神庙却是要用心来阅读的。

看到这样的建筑，你就不会觉得时间是一天天老去的，而是历久弥新的。

尼罗河 Nile River

绿色走廊

尼罗河是有颜色的。带着卡盖拉河的浩淼、白尼罗河的莹白、青尼罗河的湛蓝，穿越非洲大地，孕育了千百年来尼罗河两岸的古老文明。它像两条色彩绚丽的锦带，在辽阔的大地上，一路穿行。

尼罗河源于东非高原的布隆迪高地和埃塞俄比亚，在苏丹首都喀土穆，与白尼罗河和青尼罗河相汇，形成了具有独特气势的尼罗河。尼罗河是丰沛的，在它的冲刷下，干涸的非洲大地孕育出了人类文明的最早发源地之一——埃及。几千年来，尼罗河定期泛滥，每到8月份，它便一改往日温柔的表象，肆意拱起浑浊的河水，两岸大片的田野都淹没在它的魔爪之下，人们也不得不纷纷迁往高处暂住。两个月过后，尼罗河如期消退，并且给两岸带来丰沛的土壤。

这就是尼罗河，它有时温柔、安静，给两岸的人们带来前所未有的快乐，有时它又是那么疯狂，怒吼的河水咆哮着冲向人们的家园，丝毫找不到平日温柔的影子。

纯净的白帆船在梦蓝色的尼罗河上漂游，美得就好像随心而至的舞蹈。

尼罗河真正吸引人的地方，是青白两河的汇集处——苏丹首都喀土穆。这里，喀土穆、北喀土穆和恩图曼三镇构成了现代的喀土穆，各镇间有桥相连。如果想看两河相汇的景观，喀土穆跨河大桥是首选之地。滔滔河水滚滚而来之时，只要站在喀土穆跨河大桥远眺，就可将一切一览无余。站在喀土穆跨河大桥向下望，最让人感到奇异的是，汇流处的尼罗河水，一半是蓝色，

❖沉碧的尼罗河与金色的夕阳美得那么咄咄逼人。

一半是白色，这种一河双色，蓝白分明，美得像梦，又像童话。

尼罗河之所以有如此奇观，是因为汇集的两条河流中，蕴含了大量的矿物质。白尼罗河发源于乌干达的维多利亚湖，多流经沼泽地带，水中含有的杂质大部分已经沉淀，所以，它水色是一片纯净的白色。而青尼罗河发源于埃塞俄比亚的塔纳湖，它流经的地区有大量的岩屑，溶解了许多含硫物质，因而一片碧蓝。而到了喀土穆，又由于两条大河密度、流速均不同，融合的过程比较缓慢，需要经过一段距离的流动，才会慢慢融合为一体。于是，便出现了一条蓝白分明的，就像两条色彩截然不同的锦带一样的河流。

❖朴素的小花使尼罗河的美触手可及。

当然，喀土穆因有这样奇特的尼罗河的孕育，也有了不同的韵味。每到大雨来临，没有下水道的喀土穆就会成为名副其实的“水乡泽国”。也正是尼罗河丰富的河水，才让喀土穆的土壤如此肥沃，聪明的喀土穆人在大街小巷中，栽种了成片的榕树，从远处看，这些枝繁叶茂的榕树，就像一把把天然的“遮阳伞”，将喀土穆紧紧地庇护起来。

尼罗河，在非洲狂野的大地上如一条美丽的飘带，一路蜿蜒。这时而波光粼粼，时而怒号的河水，造就了两岸绮丽的自然风光，也造就了神秘的古埃及文明。

摩洛哥

Morocco · 纯洁灿烂

传说，在很久以前，当阿拉伯人第一次到达摩洛哥的时候，认为这里已是世界的尽头，所以就为它取了“太阳下去的地方”的名字，这也是“摩洛哥”一词在阿拉伯语中的意思。来到这里，仿佛真的到了世界的尽头一样，怀旧的思绪总是环绕周围，挥之不去……

卡萨布兰卡

Casablanca

海上的白色之城

当《卡萨布兰卡》中那一首悠长哀婉的歌曲再次响起的时候，耳边仿佛传来了那深情而又绝望的声音：“别了，我的爱人！别了，落在你肩头上的泪已干，就让岁月来抚慰我们伤感的卡萨布兰卡吧。”

在辽阔蔚蓝的大西洋东岸，有一座漂亮的白色城市，那就是卡萨布兰卡。那里洋溢着多彩的异国情调，到处弥漫着阿拉伯、西班牙、葡萄牙、法国的混合味道。其实，卡萨布兰卡最早叫达尔贝达，在阿拉

华美精致的清真寺在静谧的清晨，好似一个严肃而崇高的时间哲学家。

伯语里，是“白色的房子”的意思。后来，西班牙人来到了这里，用西班牙语诠释了这座城市，并将其称为“卡萨布兰卡”。有趣的是，如同城市的名称一样，整座城市的建筑大多数为白颜色，就连许多阿拉伯渔民的住宅也在褐色峭壁的背景下呈现白颜色，与辽阔蔚蓝的大西洋交相辉映。

卡萨布兰卡的建筑非常有特色，传统的房屋与中国的四合院非常相似。屋门用优质的木料雕花而成，地板是陶瓷或大理石拼成的图案，天花板则用成千上万块雕花、细木组合成图案，看上去非常讲究、精致。当然，现代的建筑更多的具有欧洲风情；铸铁的阳台、巴洛克风格的装饰纹、温柔敦厚的圆弧状线条、雪白的高墙大院映衬着棕榈树的枝叶，自有一股特有的闲情逸致。

哈桑二世清真寺

哈桑二世清真寺前的小广场。

在达尔贝达市中心的联合国广场北面，仅一墙之隔，却有另一番天地：狭窄密集宛如迷宫的小街小巷，喧闹活泼的集市，裹面的柏柏尔女人和穿传统长袍的男子行走其间。这里是卡萨布兰卡的阿拉伯旧城区，人称“麦地那”的城中之城。这里依旧保持着殖民地样貌，全无城墙唯有密密麻麻的砖房，同样是一色耀眼的白。这是另一个卡萨布兰卡。它会唤起人们另外一种更悠远更神秘的思绪，就像阿拉伯音乐、阿尔罕布拉宫的马赛克以及《一千零一夜》的东方传奇。

当夜灯次第亮起的时候，炊烟从海边的白房顶上飘出来，消散在温煦的海风中。在这昼夜交替、时光流转之际，阳光下的达尔贝达黯淡下去了，连同那些明媚、鲜亮的颜色——蓝的天空、白的房子、红的地毯、黄褐的土墙、男男女女身上色彩纷呈的衣袍都失去了它们耀眼的色泽。此时的达尔贝达给人带来一种更为凝重的、几乎是黑白电影般的情绪。

然而在这样的夜晚，却再也不是殖民时代那个侨民荟萃的不夜城——卡萨布兰卡了。只有那法国式奶咖啡的醇香，和摩洛哥本土薄荷茶的清爽，似乎还在诉说着那一去不复回的故事和旋律。

◈马拉喀什大街上随处可见各种各样的卖艺者。

马拉喀什 Marrakech

古老的红色之城

提起摩洛哥，很多人都会想起蔚蓝的海洋、洁白的沙滩，但在马拉喀什，却是一片五彩缤纷的色彩。赭红色岩石砌成的城墙、富丽堂皇的库图比亚清真寺、喧闹吵嚷的小街，还有那土黄色的袍裳，眼前的景象仿佛又回到了那个遥远的中世纪。

在很多人眼中，没有到马拉喀什就等于没有去过摩洛哥。前面是无际的撒哈拉沙漠，背后是终年积雪的阿特拉斯山，古老神秘的马拉喀什就像五彩缤纷的魔幻之城一样，吸引着人们去探寻。

据说，马拉喀什建于公元1071年，在摩洛哥的南部，虽然它地处沙漠边缘，但得益于大西洋温暖的空气，气候温和，林木葱郁，花果繁茂，已成为摩洛哥南部最璀璨的明珠。或许是由于马拉喀什的独特，中世纪时，阿里莫拉维德王朝和阿里莫哈德王朝都分别选择在这里建都。如今城内仍保存着数量惊人的古代建筑艺术杰作，如城墙、城门、瞭望塔、大清真寺、萨阿迪王朝陵墓以及独具麦地那特色的古老民宅等。漫步其中，有无限的感慨萦绕心中，挥之不去。

◈正在戏蛇的卖艺者

到马拉喀什，千万不要错过位于旧城中心的佛纳广场，这里能让你认识真正的摩洛哥风情。不说周围古朴建筑的典雅，单是广场上那具有鲜明民族特色的各式“表演”，就让你看得目瞪口呆。这里的文艺活动有着悠久的历史，其中以沙漠歌舞和富有乡土气息的阿拉伯民间歌舞最负盛名。每年的五月，佛纳广场上都聚集了各地来的民间艺术团，举行盛大的联欢节。舞台简单，没有木台，没有帐篷，只是广场上一小块空地，在人群围起的一个个圆圈里，上演着惊险绝伦的杂技、扣人心弦的耍蛇，还有旁边出售香料茶叶的阿拉伯人、讲故事和算命的摩洛哥老人，以及各种数不清的卖食品、饮料、服饰、地毯、摆设、皮革、手工艺品小摊位，让这个广场出奇地热闹。

当夜幕低垂，人群散去，广场才变得宁静下来。然而，代替它疯狂的，是广场附近的街巷。这里房屋密集，摊铺林立，到处是穿着长袍、缠着白巾的阿拉伯人，以及散发在空气里的烤羊肉、烙面饼的香味。找一家露天小铺，尝尝极具特色的阿拉伯食物，看着熙来攘往的人群，以及拥挤的街巷，仿佛身处中世纪的古城，一派繁华的风貌。

在摩洛哥，还有一处不能不看的地方，那就是——库图比亚清真寺。同样在繁华的佛纳广场附近，同样的伊斯兰风格，但却有着不一样的味道。这座塔高66米的清真寺，不仅外观富丽堂皇，被视为马拉喀什城的标志，也有它特别的意义。它是当年建造拉巴特哈桑塔的建筑师雅库布·埃勒·曼苏尔于1195年建造的，纪念摩洛哥人民击败西班牙殖民者的胜利。据说，在修建这座清真寺的顶端尖塔时，在黏合石块的泥浆中，加入了近万袋的名贵香料，使得清真寺能够散发出浓郁的香味。如今，行走于库图比亚清真寺周围，依然还能闻到淡淡的香气。

华丽的彩门独具非洲风情。

坦桑尼亚

Tanzania · 绚丽多姿

坦桑尼亚，这颗东非大陆上的明珠，几乎凝聚了非洲大陆所有的美丽与聪慧。辽阔的赛伦盖蒂草原、白雪皑皑的乞力马扎罗峰、星罗棋布的河流湖泊，还有迷人的海滨风光，无一不诉说着这里的和平与安宁……

赛伦盖蒂

Serengeti Grassland

美丽的草原

绿草、奔马、白云、蓝天早已成为草原的代名词，然而，到非洲的赛伦盖蒂大草原后，你会发现，草原带给人的不仅这些，还有壮观的动物王国。

赛伦盖蒂大草原，即赛伦盖蒂国家公园，位于坦桑尼亚西北部，靠近维多利亚湖区，拥有1.5万平方千米的土地。一进入辽阔的草原，就感觉耳目一新，这里不仅可以体会到天辽地阔的意境，而且还可以看见千姿百态的动物。

在赛伦盖蒂，最好起个大早，因为这里的早晨，空气格外清新。在清新的空气中，绿莹莹的草儿，会慢慢舒展着自己的腰肢，而草叶上那晶莹的露珠，也绽开了自己的毛孔，尽情呼吸着清爽的空气。当草原的风轻轻吹来时，远处金合欢花的芳香，就会在空气中弥漫。

当然，与你共享这美妙时间的，还有许多动物。每天早晨，这些动物也会早早出来，或吸着新鲜空气，或在山坡上吃着青草，或在草原中悠闲地散步。它们一群群的，

优雅的饮者，草原的主人。

这里的时光与美景都属于它自己。

健美的猎豹

可爱的长颈鹿

散落在这片土地上，成为这里最亮丽的一道风景线。

每年六七月份，是坦桑尼亚的旱季，也是庞大的斑马群和角马群汇聚在赛伦盖蒂草原，开始向西迁徙的时候。站在大草原上，看着上百万的角马在一望无际的草原上奔腾，既看不到队伍的头，也看不到队伍的尾，所见之处皆是烟尘滚滚，那种场面，绝对惊天动地，仿佛大地都在脚下颤抖。

即使在赛伦盖蒂没有见到大批的角马迁徙，也不用遗憾。赛伦盖蒂平原上依然多彩多姿，充满了魅力，每日都可以看到狮子、猎豹、鬣狗捕食的场景，尤其是在赛隆勒拉山谷的长草平原里。那里集中了全非洲最多的狮子和猎豹，在蓝色暮霭中，它们时时都上演着适者生存的故事。如果狮子或者豹发现了猎物，它们会先等待一会儿，然后再慢慢地靠近它们，再突然发起进攻，而正在吃草的动物也会意识到危险的逼近，它们停止进食，开始警惕地张望。

在稀疏的树木间，奔跑着的麋鹿、长颈鹿，那四处觅食的狮子野牛，都依稀可见。相信如果你有机会来这片神奇的土地，这些都将成为你一生中，最美丽的剪影。

乞力马扎罗山

Mount Kilimanjaro

闪 闪 发 光 的 “ 赤 道 雪 峰 ”

提起乞力马扎罗山，人们一定会想起海明威的那部《乞力马扎罗的雪》。山顶上那皑皑的白雪，就像一位威武雄壮的勇士，默默守卫着非洲这块美丽神奇的古老大陆。

站在坦桑尼亚广阔的平原上，只见在遥远的地平线上，有一层紫色的薄雾在漂浮着，而乞力马扎罗山就悬浮在这紫色的云雾之上。在斯瓦希里语中，乞力马扎罗山意为“闪闪发光的山”，它挺立着5890米高的身躯，站在炎热的赤道上，像雄壮的勇士一样，默默守卫着坦桑尼亚这片美丽神奇的土地。从空中望下去，乞力马扎罗山如一个巨大的“工”字，以极为洒脱写意的手法，谱就磅礴瑰丽的人间奇景。

乞力马扎罗山有基博与马文济两个主峰，它们构成了巨大“工”字的两端。印度洋上吹来的海风常常被基博峰阻挡，使得

乞力马扎罗山下这一片苍翠的绿地是动物的乐园。

乞力马扎罗山的山巅和山腰时有浮云和雾气缭绕。从远处望去，它朦朦胧胧，变幻莫测，置身其中，让人有一种如临仙境的神秘之感。或许正是因为这样，乞力马扎罗山才成了阿拉伯人心中最圣洁的仙山。当地人每年都要举行一些传统的祭祀活动，来乞求一年的平安与健康。

来到乞力马扎罗山，没有人能够抵挡住山顶上皑皑白雪的诱惑，基博山峰上的白雪与黑色岩石相互交错，就像一幅雄伟壮丽的图画；而“乌呼鲁”峰顶巨型火山口上，皑皑白雪的峰巅和银蛇蜿蜒一样的巨大冰川，构成了一片白色的世界。行走于这个世界，人很容易浮想联翩。

乞力马扎罗山的雪并不是宁静的，它跳跃着，飘荡着，引得人们一声声的感叹。如果幸运，还可以看到乞力马扎罗山上的降雪，那是一种迷人的景致。一片片大大的雪花，如同洁白的羽毛，从空中慢慢地飘落，而雪花落于地上，没有一点声音。雪花飘啊，飘啊，满天的飞雪，将乞力马扎罗山装点成了童话的世界，而乞力马扎罗山就是童话中的白雪公主。如果你带你的女儿来到这里，她一定为洁净、美丽、神圣的乞力马扎罗山，为童话般的世界而欢呼。

偶尔，乞力马扎罗也会云消雾散，让世人一睹它美丽的容颜。当赤道娇艳的太阳，映照在那冰清玉洁的山顶上时，整个乞力马扎罗山则呈现出五彩缤纷、绚丽夺目的色彩。没有落雪的日子，乞力马扎罗山的轮廓也变得非常鲜明，那光彩夺目的雪冠、苍翠朦胧的山体、无边无际的绿色草原，则历历在目。

乞力马扎罗山，如王冠上最璀璨的一颗明珠，坐落于坦桑尼亚的大地上，将辽远的非洲草原照耀得熠熠生辉。然而，由于近些年来的气候变化，这座“赤道雪峰”正在慢慢融化，或许不久，这座流光溢彩、美丽绝伦的雪山胜景，就会消失在岁月的长河中。

津巴布韦

Zimbabwe

·烂漫悠然

提起津巴布韦，很多人会想到景色秀丽的丘陵，雪浪翻滚、气势磅礴的瀑布，还有神秘莫测的“石头城”。然而，真正让津巴布韦人骄傲的，却是其自身带有的那丝天真的烂漫与悠然。

维多利亚瀑布

Victoria Falls

彩 虹 瀑 布

提起维多利亚，相信大多数人想起的，都是香港那片港湾上绚烂的灯火。殊不知，在地球的另一端，还有一片湍流怒涌、水雾滔天的大瀑布。这个叫“*Mosi-oa-tunra*”的地方，即使天使飞过，也会频频回首，顾盼流离。

在那个遥远的殖民时代，有很多壮丽的景象都用了“维多利亚”这个代表强势的名字，维多利亚瀑布就是其中之一。它是赞比西河流至赞比亚西部和津巴布韦交界处时，不小心跌下的彩虹，像一个天使一样，悠然地横在黑沉沉的千丈峡谷之上。这是世间难见的奇观壮景。站在地面，向上望去，宽阔的赞比西河水就像从天堂而来，越过山顶的崖石，化做最美丽的水晶，跌入峡谷。走近望去，它又像千万条白色和黄色的巨龙，轰然而下，声若雷鸣地直向那深不可测的深渊而去。那些被瀑布激起的浪涛和水雾，则把整个峡谷和对岸的峭壁、丛林全部笼罩，在阳光的映照下，水雾蒸腾中，一条绚丽的彩虹就挂在瀑布的顶端，好像在茫茫云海之上。

传说，这是因为在瀑布的深潭下面，住着一群如花般美丽的仙子的缘故。这些仙子穿着色彩鲜艳的衣裳，日日夜夜敲打非洲的金鼓。当衣裳艳丽的色彩被瀑布的银光反映到蓝天上后，天空就会有美丽的彩虹出现。而她们敲打的金鼓，则变成了“沸腾锅”中轰隆如雷鸣般的水声。

参观维多利亚瀑布最不能错过的是“沸腾锅”。峡谷中有一条宽60余米的峡谷，将大瀑布倾注的第一道峡谷——南壁切成两段，使得从四面八方倾泻下来的激流，全部在这里汇合。由于这段峡谷不仅曲折回旋，而且有许多巨大的岩壁纵横错列，在谷底布成了层层的路障，所以当瀑布从四处滚滚而下时，被这个狭窄的峡谷突然阻挡，滚滚的激流则变成了发怒的困兽，四处冲撞，霎时，整个峡谷响起了一片“金鼓”之声。

每当夕阳西下，维多利亚瀑布就显示出与众不同的面貌。一丛丛火红、朱红和粉红色的非洲杜鹃花，如一片片锦绣装饰着大地，又如燃烧着的火焰，点燃着人们心中的激情。有时，上空漂浮着几朵云，被绚烂的彩虹映成了桃红色。云团下，冲天的水雾不断地向上翻涌、飘散，既像是与远方的客人打招呼，又像天上的天使禁不住瀑布的召唤，偷偷窥望人间的美景。

而此时，你可以闭上双眼，任维多利亚瀑布下那若有若无的“雨点”，洗去你所有旅途的疲惫……

一泻千里的瀑布和树木都像晶莹剔透的碧玉。

壮丽的维多利亚瀑布。

阿尔及利亚

Algeria · 传统记忆

阿尔及利亚将传统与现代集于一身。穿着入时的年轻人与一袭白袍、一巾面纱的阿拉伯老人同样和谐地飘舞在大街上。而一两栋新建筑，带着似曾相识的微笑，将周围的老建筑牵连成一道优美的风景。

君士坦丁 Constantine

双桥之城

君士坦丁，这个熟悉而略有不同的名字，并不是历史上曾经辉煌一时的君士坦丁堡。这座城市的周围，并没有地中海的宁静的阳光，拥有的只是略带非洲炎热气息的老城墙，以及阿拉伯风情的城镇。

提起君士坦丁，大多数人想起的都是那个曾在奥斯曼帝国辉煌一时的君士坦丁堡。然而，此君士坦丁，却非彼君士坦丁堡，它是一座坐落在北非阿尔及利亚东北部的一座老城。迦太基人、古罗马人、阿拉伯人、土耳其人都曾生活在这片土地上，所以它也有着众多不同意义的名字，迦太基人称它卡尔塔，罗马人则称它锡尔塔。公元311年，由于战争，这个看似普通的城市被彻底毁坏，直到那个令世界为之一振的君士坦丁大帝到来，它才得以被修复。也正是因此，当地人给它取了一个代表最强大力量的名字——君士坦丁。

或许是名字赐予了它巨大的力量，或许是人们美好的愿望起了作用，从此，君士坦丁便以独特的风貌，立于安纳巴西南的平顶孤丘上。为了抵御外敌，君士坦丁将自己深深地包围在一片石墙之中，只留下两座“飞桥”联系外面的世界。

君士坦丁的凯旋门

尽管平顶孤丘的海拔只有696米，但建在这座孤丘之上的君士坦丁，却是一个地道的山城。登上最高的山头远望，这片沉淀着战争与血液的古城，呈现着清新而独特的面貌。四周群峰环绕，它高踞山巅，傲然耸立，而山谷中流水喧腾，湍急地流向了距此地近

君士坦丁的圣科斯坦萨教堂内部

拜占庭式的基督教堂

百余千米的地中海。远远望去，一座悬挂在峭壁中的大桥和一座蜿蜒于山谷中的长桥，就像这座坚固的山城的动脉，露着斑驳的脊骨，却流动着现代的、新鲜的血液。

桥对君士坦丁来说，既是历史，也是它的生命，尤其是在古代。孤立的君士坦丁下森林密布，溪流环绕，野兽出没，险峻的地形保护了城市，也割断了城市与外界的联系。于是，这里连接各座山峰间的桥应运而生，成为君士坦丁城不可或缺的设施，也成为防御外敌的入侵的隘口。

时过境迁，君士坦丁人早已不再需要踞桥而守或断桥固守，但桥却成了他们生活中最重要的一部分。一座座桥连接着外界，成了这座城市最重要的交通系统。这些桥大多建于 19 世纪后，是纯粹的现代钢结构或钢筋混凝土桥，它们或是石拱，或是悬索，或是高架桥，有的有电梯上下，有的横跨峡谷，有的高悬云端，有的直逼悬崖……无论你站在哪里，都可以看到它。

当然，桥并不是君士坦丁的全部，老城区那些狭窄的街巷、具有浓郁古阿拉伯风情的民宅，同这个城市的桥一样，也诉说着君士坦丁人的新生活……

撒哈拉沙漠

Sahara

遥远的呼唤

“铺满碎石的沙地，平坦地一直延伸到视线望不到的远方。海市蜃楼左前方有一个，右前方有两个，好似一片片绕着小树丛的湖水。四周除了风声之外什么也听不见，死寂的大地像一个巨人一般躺在那里，它是狰狞而又凶恶的……”

——三毛《撒哈拉的故事》

✤在撒哈拉，你得相信，大自然把它的雄奇发挥到了极致。

少时读三毛的《撒哈拉的故事》，觉得虽然那是一个没有水、没有树木，而且人也并不怎么可爱的地方，但却让人魂牵梦绕、心驰神往：鬼魅的海市蜃楼、连绵平滑的大地、迎面如雨的狂沙，还有带着膻腥的骆驼肉……

撒哈拉是巨大的。它如一把锐利的刀子，深深地插进非洲的心脏，将其分割成北部和南部非洲。它西起大西洋海岸，东到红海之滨，横贯北非，绝不愧对阿拉伯语中那个“大荒漠”的称号。来到撒哈拉，你的眼睛一定会被那柔美的细沙所吸引。在世上所有的沙漠中，没有哪儿的沙子能比撒哈拉的更美丽，更漫无边际，更金黄一片。

爬上一个又一个金色丝绸般平滑的沙丘，随意扬起一把细沙，那柔细的沙便在

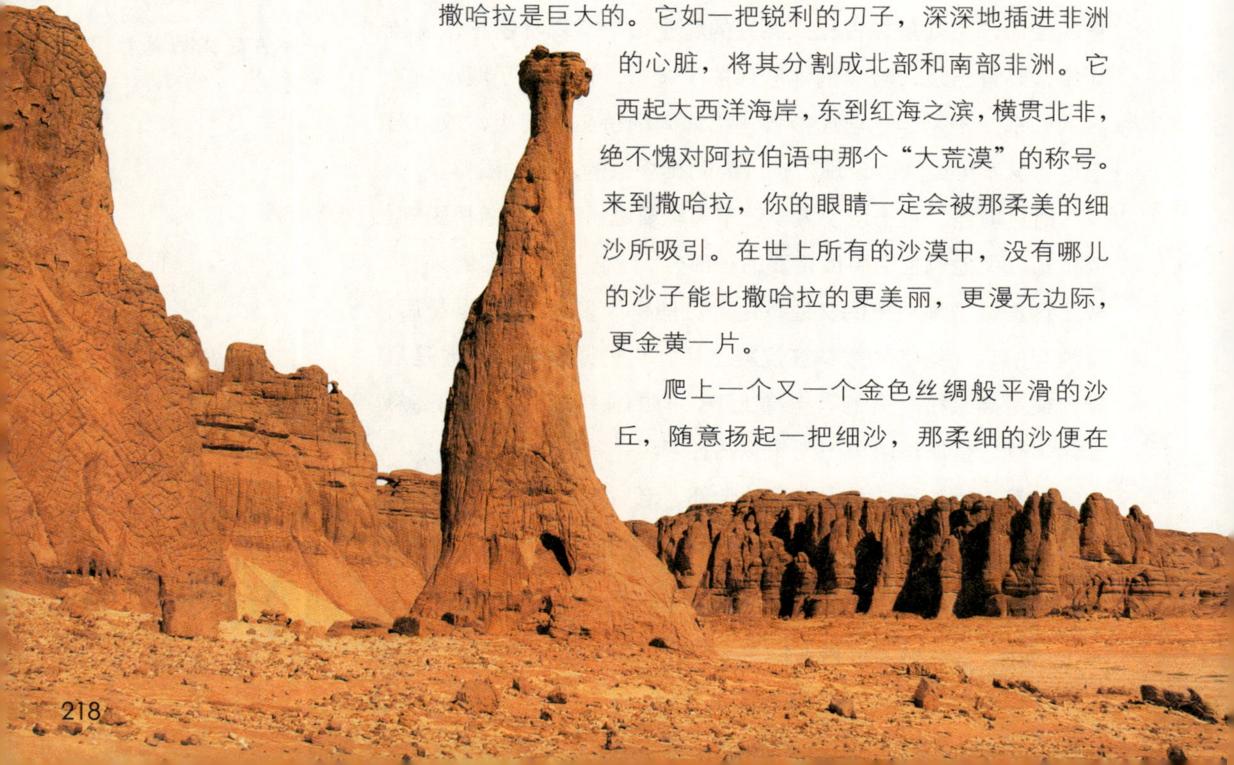

绵延的沙漠，天有多远它就有多远。

广阔的沙漠，渺小的行者，这是美还是孤独？

指间轻轻滑落，飘摇在空中。这样的场景似乎在哪见过，千百万年前的祖先是否也扬过如此细柔的沙？

撒哈拉是活泼的。或许撒哈拉的博大，给了人们一种宁静、静止的感觉。然而，事实上它却是动的、活泼的，风是它们最好的传信使。风起时，座座沙丘就如大海的浪花，此起彼伏，变幻出千奇百怪的形状。而隐藏在沙丘里的秘密，在风的引诱下，硬生生地暴露本来的面目。大大小小的褐色岩石，有的如大拇指，有的像一头或蹲或立的骆驼，有的像一个圆润的贝壳……

有人说：“从踏入撒哈拉的第一天起就会发现，沙漠是个真正无关风月的地方。而都市的浮躁和骚动，都会在它狂野的风沙和无际的沙海前，转化成一个单纯的信念：活下去。”但撒哈拉却是多情的。无风的黄昏中，辽阔的沙漠被染成一片血红，空中飘满晚霞，远处传来悠悠的驼铃声，当静谧的夜如水般将你紧紧地包围，一切仿佛都欢快起来了，心底那丝最莫名的淡然，也变成了最遥远的呼唤。

或许这就是三毛如此痴迷、留恋撒哈拉的原因吧。曾经只是狂野背包的行探，却成了一生的留恋。如果没有意外，相信多年后的某一个午后，满头白发的她，躺在摇椅里，再想起撒哈拉时，依然会温馨如故，依然会有一份莫名的感动吧。

肯尼亚

Kenya · 纯情野性

丹麦女作家凯伦 · 布里克森曾在《走出非洲》中写道 ：“非洲高原，黎明，空气凉爽清新得似乎能够触摸到……而回首旅居非洲的日子，令人激动不已的是那仿佛在空中生活了一段时间的感觉。”肯尼亚就是这样一块充满纯情与野性的非洲土地。

马赛马拉草原

Masai Mara Grassland

动 物 的 王 国

在这片土地上，人类只是“二等公民”，动物才是这里真正的主人。当清晨的阳光照在肯尼亚马赛马拉大草原金色的茅草上，这里的野生动物就开始了残酷与激情的一天。

相信很多人儿时都有一个动物王国的梦想，希望有一天能真正来到广袤无垠的非洲大草原，跟随狮子王辛巴一起享受午后的阳光。当你真正来到肯尼亚西部的马赛马拉草原时，你就会觉得那并不只是个梦想。

作为世界上面积最大、容纳动物数量最多的野生动物保护区，赛伦盖蒂－马赛马拉大草原，享誉世界已经数十年了。每年8月，从坦桑尼亚的赛伦盖蒂草原，往肯尼亚迁徙的数百万头羚羊、野牛、长颈鹿和斑马，组成了这个地球上最庞大的游行队伍。它们经过时，草原上先是响起闷雷一样的声音，接着会腾起漫无边际的黄尘。之后，角马群疾驰而来。面对那横扫一切的磅礴之势，每一个人都会感到震撼。

然而，这并不是马赛马拉的全部。马赛马拉草原同赛伦盖蒂的草原一样，每个角落里都在日日上演着“生存”的故事。刚刚迁徙来的斑马，正在悠闲地吃草，静静地躲在草丛里的大型食肉动物开始行动了。草丛一阵晃动，如闪电般的一只母狮矫健地跳了出来，扑向了一匹小斑马的背部，斑马群开始骚动、逃窜。在母狮低低的呜呜声中，又有两只母狮冲了上来，将小斑马死死地摁倒在地，口中发出凶猛的吼叫。转眼间，前一分钟还活生生的小

优雅的长颈鹿是这所有美景的主人。

斑马，此时便成了三只狮子的美食。

目睹着这惊心动魄的景象，或许你久久不能平静，但草原就像一切都没发生过一样，又恢复了原来的宁静。此时，你或许才会明白，为什么非洲人把这片草原称为“凶险的国度”，这是因为死于这里的动物——这是一种伟大的牺牲，有了这种牺牲，才会换取更多同伴胜利的迁徙。

在马赛马拉，除了动物，还有具有传奇和神秘色彩的马赛人。他们依然保持着原始的生活习惯，以游牧为生。年轻的男子都留着长发，披着红色或褐色的马赛布，而女子则剃光头或只留短发。行走于这里，就如同行走于原始社会的某一个部落，无论是用带刺的干树枝围成的栅栏，还是牛粪搭建成的结实坚固的小屋，都会让你有恍若隔世之感。

矫健的黑斑羚

过河的角马

傍晚，温暖的阳光最后留恋着大地，狮子懒洋洋地躺在草丛里看着行人，一群群的斑马在大地上掠过，马赛人的村落升起阵阵青烟……人们不由地从心底感叹：生命多么丰富多彩，多么美好！

无论在哪里，生存都是残酷的。

纳库鲁湖 Lake Nakuru

火烈鸟的天堂

人们常说："庸常的生活顶多像在读一本爱情小说，而旅行，则是和朝思暮想的情人突然面对面时真实、狂热的心跳。"如果这是真的，那到纳库鲁湖，你的心脏几乎都要跳出来了。

如果有人告诉你，世界上有一座童话般的粉色湖泊，而且那动人的粉色还会漫天遍地地浮动，你一定不相信。可是，世界上却真有这样一座湖，那就是——纳库鲁湖。

纳库鲁湖位于肯尼亚中西部的裂谷区，其辽阔的湖滩，丰富的水草、繁多的浮游生物、肥沃的水质，为以浮游生物为生的鸟类们提供了充足的天然饵料。而陡峭的山崖，婆娑的树影又为鸟类筑就了天然的巢，因此，这里成了众鸟的乐园与天堂。在这里，聚集了450多种禽鸟，其中最为著名的就是火烈鸟和鹈鹕。据说，火烈鸟数量最多时，可达300万只。抬眼望去，湖面已变成一片红色的海洋，壮丽异常。

粉红的火烈鸟几乎覆盖了江面。

有时，纳库鲁湖的火烈鸟并不多，它们三三两两地挤在较浅的湖水里，为蓝蓝的湖水镶上了一条粉色的边。一眼望去，蓝色的湖面倒映着火烈鸟红色的身影，微风吹来，湖面泛起蓝红色的涟漪，令人陶醉。随着时间的流逝，远处渐渐有粉红色的"云团"飞来，落在了浅浅的湖边。这些"云团"大声啼叫着，莺歌啼啭间，原本一

白鹈鹕

片寂静的湖面，开始变得生机盎然。也有一些火烈鸟飞向空中，它们展着红羽，伸着颀长的颈，红羽和黑羽有节奏地在空中轻拍着，在蓝蓝的湖水中留下了一道道优美的弧线。一时间，来来往往，整个纳库鲁湖充满了说不出的诗情画意。

每到清晨或黄昏，纳库鲁湖则表现出不同寻常的一面。成群的火烈鸟聚集在这里，使得整个湖岸线像一条红色的缎带，绵延数十千米。而且非常有趣的是，每六到七只的火烈鸟组成一小群，在这个小群里，它们行走的方向一致，所迈的脚步一致，甚至连伸着的脖颈都是一致的，那姿势、那节奏，仿佛就是美丽的姑娘在跳着小步天鹅舞，时左时右，悠闲而又飘然。如果此时，一条鬣狗或者一头狒狒到来，将完全打破如此平静的美景。一声震耳欲聋的鸣叫后，刹那间，成千上万只火烈鸟腾空而起，红色羽毛映红了整个天空，非常壮观。

在纳库鲁湖边，如果你呆得时间长了，一种叫鹈鹕的鸟儿也会来到你身边。它们是外表看起来有些笨，事实上却非常聪明的鸟。大多数时间，鹈鹕都在岸上晒太阳，耐心地梳洗心爱的羽毛，偶尔它们会在高空翻转、飞翔，以伸展疲惫的翅膀。如果你突然看到它从高空俯冲而下，那一定是看到了漫游在水中的鱼儿。然后，它鸣叫着，招呼其他鹈鹕，湖中便有了排成直线或半圆形的鹈鹕群包抄鱼群的风景。

这就是纳库鲁湖，时而是粉红色火烈鸟优美的舞蹈，时而是鹈鹕的群体演奏。在这样一片或蓝或粉的湖水中，品味着自然独特的流香，人仿佛逐渐进入了童话的世界。

用你的眼，或者心，阅读最美的地球

走遍世界

选题策划：日知图书

策划编辑：高霁月

责任编辑：张　萌

特约编辑：孙明珍

特约审校：傅马利

美术编辑：罗小玲　张鹤飞　于　蕾

封面设计：韩少杰　夏　鹏

版式设计：孙阳阳　李彦霞　罗小玲

文稿撰写：王秀莉

图片提供：北京全景视觉网络科技有限公司
华盖创意图像技术有限公司
北京美好景象图片有限公司
中国图片网
达志影像
IMAGINECHINA
FOTOE PHOTOCOME

出发，让脚步追上理想